아이들의 손으로 살 만한 세상 만들기

세상을 바꾼
아름다운 용기

아이들의 손으로 살 만한 세상 만들기

세상을 바꾼
아름다운 용기

2012년 9월 3일 처음 펴냄
2020년 9월 15일 10쇄 펴냄

지은이 박현주
펴낸이 신명철
펴낸곳 (주)우리교육
등록 제 313-2001-52호
주소 03993 서울특별시 마포구 월드컵북로 6길 46
전화 02-3142-6770
팩스 02-3142-6772
홈페이지 www.uriedu.co.kr

ⓒ 박현주, 2012
ISBN 978-89-8040-944-0 43300

이 도서의 국립중앙도서관 출판시도서목록(CIP)는
서지정보유통지원시스템 홈페이지(http://www.nl.go.kr/ecip)에서
이용하실 수 있습니다.(CIP 제어번호:CIP2012003733)

아이들의 손으로 살 만한 세상 만들기

세상을 바꾼 아름다운 용기

박현주 지음
김민지 그림

우리교육

어린이에 대하여

유엔아동권리협약ᵤₙCRC은 제1조에서 아동의 범위를 이렇게 밝혀 두고 있습니다.

제1조 '아동'은 18세 미만인 모든 사람을 말한다.

이 책에서 '어린이'는 유엔아동권리협약이 정한 아동의 범위에 드는 모든 사람을 말합니다.

참고로, 우리나라는 '아동복지법'에서 어린이를 일컫는 아동의 연령 범위를 18세 미만인 자로 정하고 있습니다. 그러나 12~13세 미만의 연령층을 통틀어 어린이라 부르고, 중학생, 고등학생, 비학생을 포함한 18세까지의 모든 연령층을 청소년이라 부르는 게 일반 관행입니다.

따라서 이 책에서는 문맥에 따라 아동, 어린이, 청소년의 용어를 섞어 사용합니다.

아이들이 살 만한 세상을

2002년 5월, 뉴욕 유엔 본부에 세계 각국에서 온 어린이와 청소년 404명이 모였습니다. 역사상 처음으로 세계 아동 포럼Children's Forum이 열리는 자리였습니다. 이들은 크고 작은 그룹으로 나뉘어 교육, 무력 분쟁, 빈곤, 환경, 사회참여 등 현재 세계 어린이들이 직면해 있는 여덟 가지 핵심 주제로 토론을 벌였습니다. 고위급 원탁회의에 참석하여 각 나라 대표자들과 직접 대화를 나눌 기회가 주어졌을 때, 어린이와 청소년들의 목소리는 한층 높아졌습니다.

보스니아헤르체고비나에서 온 열일곱 살 엘리자 칸타르직이 말했습니다.

"전쟁과 정치는 언제나 어른들이 하는 게임이에요. 그런데도 늘 어린이들이 피해자가 됩니다."

학살이 어린이들에게 준 상처에 대해 이야기하던 르완다 소녀 마리 클레르 우무호자가 질문했습니다.

"지금 내가 하는 이야기는 세계 곳곳에서 고통받는 모든 어린이가 내는 목소리입니다. 우리 인류를 대변하는 여러분, 왜 여러분은 그런 일들이 벌어지도록 놔두는 거지요?"

우간다에서 온 열두 살 소년 조제프 타말레가 아프리카 지도자들에게 물었습니다.

"앞으로 20년이나 30년 후면 지급 기한이 차겠지요. 그때 그 엄청난 부채를 누가 갚아야 할까요? 결국, 우리가 되겠지요. 하나로 힘을 모으지 않는다면, 우리는 영영 사라져 버리고 말 겁니다."

과테말라에서 온 열여섯 살 소녀 미리엄 A. 멜렌더즈가 분명하게 말했습니다.

"우리가 노동하는 건 일이 하고 싶어서가 아닙니다. 먹을 것이 충분치 않고 가족을 돌봐야 하기 때문이지요."

열다섯 살 멕시코 소녀 샌드라 히메네스 로자가 주장했습니다.

"사회가 변해야 해요. 그런데 그 변화는 정부가 아니라 국민에게서 나옵니다. 변화는 결코 권력을 가진 사람들에게서 나오지 않아요."

차드에서 온 가엘 음벰바가 호소했습니다.

"만약 여러분이 학교를 세울 생각이라면, 그 학교에 최소한 교사 한 명과 도서관 하나가 반드시 갖춰지도록 해야 합니다. 약속했던 것과 다른 결과에 실망했던 과거 경험들 덕분에 우리는 미몽에서 깨어날 수 있었습니다. 바로 그 이유로 우리가 우려하는 겁니다. 우리들이 하는 말을 귀로 듣지 말고, 마음으로 들어 주시기 바랍니다."

파키스탄에서 온 열여섯 살 소녀 사아디아 안와르가 말했습니다.

"대다수 부모님이 아들만 생각할 뿐 딸들에게는 교육을 시키려 하지 않는다는 게 문제입니다. 따라서 소녀들에게 용기를 북돋아 주어야 합니다. 우리도 우리가 원하는 건 무엇이든 할 수 있다고 말이에요."

방글라데시 소년 열여섯 살 투키르 아흐메드가 힘주어 말했습니다.

"우리는 여러분의 아이들입니다. 우리에게 행복한 오늘을 주세요. 그러면 우리가 행복한 내일을 드리겠습니다."

사흘 후, 어린이 청소년 대표들은 '우리가 살 만한 세상 A World Fit for Us'이라는 선언문을 유엔총회에 내놓았습니다.

이번 총회는 특별히 세계의 아동 문제를 다루기로 한 '아동에 관한 특별 총회'로 열렸습니다. 볼리비아 대표로 참석한 가브리엘라 아리에타와 모나코 대표로 온 오드리 체이넛, 두 소녀가 낭독하는 선언문에서, 어린이들은 어떤 세상에서 살기 원하는지 분명하게 밝혔습니다. 세계 지도자들은 2002년, '어린이들이 살 만한 세상A World Fit for Children'이라는 유엔 총회 결의안으로 화답했습니다. 그리고 어린이들이 원하는 세상을 만들기 위해 열 가지 기본 방침을 내놓고 지구 차원에서 운동을 벌이기로 하였습니다.

(1) 어린이들을 늘 우선에 둔다.

(2) 빈곤을 뿌리 뽑는다. 어린이에게 투자한다.

(3) 어린이가 단 한명이라도 낙오하지 않게 한다.

(4) 모든 어린이를 돌보아 준다.

(5) 모든 어린이를 교육한다.

(6) 어린이에게 고통을 주거나 어린이를 착취하는 일을 중단한다.

(7) 전쟁으로부터 어린이를 보호한다.

(8) HIV/AIDS에 맞서 싸운다.

(9) 어린이들이 하는 말에 귀 기울이고 참여를 보장한다.

(10) 어린이들을 위해 지구를 지킨다.

세계 지도자들로 하여금 어린이들의 목소리에 화답해 결의안을 채택하게 한 역사적 뿌리는 아동권리협약에 있습니다. 아동권리협약은 1989년 유엔총회 통과 후 현재까지 193개국이 비준한 국제 협약입니다. 아동권리협약을 역사적 문서로 불리게 한 가장 중요한 핵심은 바로 어린이를 '보호 대상'이 아닌 '권리의 주체'로 본다는 데 있습니다. 예를 들어, 어린이들은 교육받을 권리가 있고, 가정을 가질 권리, 충분히 먹을 수 있는 음식을 가질 권리가 있으며, 학대받지 않고 방치되지 않을 권리가 있다고 말합니다. 또한, 사회에 참여할 권리가 있고, 의견을 자유롭게 표현할 권리가 있다고 말합니다.

　아동권리협약이 제정된 이래 20년간 많은 성과가 있었습니다. 5세 미만 어린이 사망률이 1990년 기준 1,250만 명(천 명당 88명)에서 2010년 기준 760만 명(천 명당 57명)으로 감소⟨the state of the world's children 2012⟩ 83쪽.하였고, 16억 인구가 추가로 안전한 식수를 마실 수 있게 되었습니다. 전 세계적으로 초등학교 취학연령 인구의 84퍼센트가 입학했고, 남녀 성비 격차도 줄어들었습니다. '인간 면역 결핍 바이러스'(이하 HIV)와 '에이즈AIDS'로 피해를 당한 어린이들에게 일어나는 문제들이 공론화되었으며, 소년병, 매춘, 노예제도, 인신매매로부터 어린이를 보호하는 데 큰 진전이 있었습니다.

그러나 가야 할 길은 아직 멉니다.

2만 6천 명이 넘는 5세 미만 어린이가 매일 죽어 갑니다. 폐렴과 설사병, 말라리아, 에이즈와 같은 질병들에 대한 효과적인 치료 비율은 크게 높아지지 않았으며, 여전히 5세 미만 아동 1억 4,300만 명이 영양실조를 겪습니다. 초등학교 취학률이 높아진 반면, 중학교 시기에 있는 청소년 가운데 7,100만 명이 학교에 다니지 못합니다. 특히, 여자 어린이들이 중학교에 취학할 확률은 현저히 떨어집니다. 어른들이 만든 전쟁터에 전투병이나 취사병 등으로 끌려가 분쟁에 가담하는 어린이들, 납치되어 매춘이나 노동하는 어린이들이 있습니다. 해로운 공장이나 농장, 광석 채취 현장 등 위험한 환경에서 노동하는 어린이도 1억 7,100만 명가량으로 추산됩니다. 성매매나 채무 관계로 가장 끔찍한 형태의 노동을 하는 어린이 약 840만 명이 어른들이 진 빚 탕감을 위해 착취되고 있습니다. 뿐만 아니라 어린이 약 200만 명이 상업적인 성매매와 육체적 폭력에 노출되어 있으며, 매년 어린이 수백만 명이 불법적으로 인신매매를 당해 성매매와 같은 위험한 노동을 강요당합니다.

이 수치들이 빈곤과 불평등, 무력 분쟁, 에이즈, 차별 등 어린이들을 위험에 빠뜨리는 주요 요인들에 대한 결정적 행동이 이루어져야 하는 이유를 말해 줍니다.

이 책에서는 남아프리카공화국의 은코시 존슨, 파키스탄의 이크발 마시, 수단의 이매뉴얼 잘, 콜롬비아의 팔리스 칼레 그리고 캐나다의 세번 스즈키, 어린 친구들 다섯 명이 보여 준 아름다운 용기에 대해 들려주려 합니다.

이 아이들은 아동권리협약에서 절대 허용해서는 안 된다고 정한 학대와 착취와 전쟁과 폭력이 빚은 희생자이면서 동시에 스스로 권리를 찾고 마침내 자신이 속한 사회에, 정부에, 세계에 그리고 어른들에게 당당하게 의견을 냈습니다. 그리고 새 길을 찾아 그 길을 걸었습니다.

그 길에는 그들에게 거대한 벽처럼 다가왔던 세상과 그들이 살고자 했던 세상과 겨루는 대결이 선명하게 새겨져 있습니다. 그리고 어느 날 마음속 이야기를, 어른들에게 하고 싶은 말을, 왜 자신이 그 길을 가는지를 세상에 대고 외칠 기회가 주어집니다. 비록 작은 목소리였고, 또 귀담아듣는 이들이 전 세계 모든 이가 아니었다 할지라도 그들의 외침은 남겨졌습니다. 그래서 지금이라도 그들을 만나 볼 수 있게 되었다는 것이 우리에게 행운입니다.

짧은 생애를 살다 세상을 떠난 은코시 존슨과 이크발 마시. 두 소년은 살아 있는 마지막 순간까지 에이즈와 아동노동에 맞서 싸우다 쓰러졌습니다. 그만큼 힘겨운 싸움이었지요. 두 소년이 살아간 발자취를 따라가며 그들이 남기고 간외침에 귀 기울이는 사이, 우리는 소년들이 자신들을 벼랑끝으로 내모는 세상에 어떻게 맞섰는지, 어떻게 그들이 바로그 세상을 향해 두 팔을 활짝 벌리게 되었는지 못내 안타까운 심정으로 지켜보게 될 겁니다.

또, 자신들이 태어나기도 전에 시작된 내전이 폭력의 강도를 더해 가던 나라에서 팔리스 칼레와 이매뉴얼 잘은 전쟁의 피해자로 자라납니다. 팔리스 칼레와 친구들은 '콜롬비아어린이 평화운동'을 통해 전쟁의 피해자가 된 어린이들이그저 분노와 공포감에 사로잡힌 것만은 아님을, 자신들에게변화를 요구할 힘이 있고 어떤 문제점들에 대해서는 답을낼 수도 있음을 깨닫습니다. 전쟁의 피해자였으면서 동시에소년병이 되어 끔찍한 폭력을 자행하기도 했던 이매뉴얼 잘은 악몽 같은 방황의 긴 터널을 빠져나와 음악을 통해 평화를 노래하는 자유인이 됩니다. 팔리스와 잘의 삶, 그들의 간절한 호소와 음악에서 고통과 슬픔 그리고 끝내 움켜쥔 희망을 느낄 수 있습니다.

각각 열두 살과 열세 살에 세상을 떠난 은코시 존슨과 이크발 마시, 그리고 전쟁과 폭력으로 인한 고통과 상처를 이겨 낸 팔리스와 잘. 이들의 삶에서 그리고 죽음에서 이 세상이 어린 친구들에게 얼마나 가혹한지 그 선명하게 새겨진 흔적을 보는 건 그다지 어려운 일이 아닙니다.

팔리스 칼레에게 영감을 준 그라사 마셸의 말 그대로, '세상에 일어날 수 있는 최악의 비극은 한 사회가 어린이들에게 가해지는 폭력을 정상적인 일로 받아들이는 것'입니다. 그렇기에 은코시와 이크발, 팔리스와 잘이 가혹한 현실에 주저앉아 버리는 대신 어린이 활동가가 된 것이 고맙고 다행스러우면서도, 마음 한쪽이 무겁게 짓눌리는 느낌에서 쉽게 벗어나지지 않습니다.

마지막으로 또 한 소녀가 있습니다. 캐나다 밴쿠버에 사는 세번 스즈키는 앞서 언급한 친구들과는 조금 다른 환경에서 나고 자랍니다. 어린 딸이 하는 말에 늘 귀 기울이고 의견을 존중해 주는 부모님 아래에서 자란 세번은 자연에 대한 호기심과 환경을 소중히 여기는 마음을 키우며 성장합니다. 세번은 유엔 회의장에서 어른들을 향해 지금처럼 지구를 파멸로 몰아가도록 행동하는 이유를 당돌하게 따져 물으며 세상을 깜짝 놀라게 만든 연설을 합니다.

세번은 아홉 살에 아마존 우림에 사는 부족민들과 잠시 함께 지낸 적이 있습니다. 다시 캐나다로 돌아온 세번은 슈퍼마켓에 가면 필요한 모든 것을 살 수 있는 생활이 먹는 것들과의 관계가 완전히 단절된 삶이었다는 사실을 깨닫고 충격을 받습니다. 그리고 그 일은 소녀의 인생을 바꿔 놓습니다. 세상에는 은코시와 이크발 같은 어린이도 있고, 팔리스와 잘 같은 청소년도 있고, 또한 세번과 같은 소녀도 있습니다.

어쩌면 대한민국에서 나고 자란 우리 어린이와 청소년들에게는 세번의 삶이 상대적으로 더 친근하게 다가올지도 모릅니다. 따라서 세번이 유엔 회의장에서 연설한 내용 중 이 대목에 공감할 수 있을 겁니다.

"자꾸 생각하게 됩니다. 어디서 태어났는가 하는 사실이 굉장한 차이를 만든다는 것, 저도 리우의 빈민가 파벨라에 살고 있는 저 아이들 중 하나일 수 있었다는 생각을 하지 않을 수 없습니다. 저는 소말리아에서 굶주려 죽어 가는 한 어린이일 수도 있었고, 중동의 전쟁 희생자, 또는 인도에서 구걸하는 아이일 수도 있었습니다."

2002년 세계 아동 포럼에 모인 어린이들은 선언했습니다.

"우리는 온 세상의 어린이들입니다."

오늘날 전 세계 모든 나라에 말없이 고통당하는 어린이들이 있습니다. 거리에서, 학교에서, 가정에서, 지역사회에서 어린이들에게 갖가지 형태로 폭력이 이루어집니다. '폭력의 문화' 속에서 살아가며 어린이들은 폭력을 익혀 갑니다.

1997년 5월 노벨평화상 수상자 42인은 '세상의 어린이들을 위한 호소'라는 성명을 내고 새 천 년의 첫 10년인 2000년부터 2010년까지를 '비폭력 문화의 기간'으로 선포할 것을 요구했습니다. 그들은 폭력이 아닌 평화의 세대가 알에서 깨어나게 하는 것이 자신들이 맡은 책무라고 했습니다. 그리고 '우리 아이들이, 그들을 통해서 미래 세대들이 우리가 저지른 실수를 피하고, 우리가 살고 있는 폭력이라는 자멸적 문화에서 벗어나 자유로워지도록 안내하는 것, 그들이 가능한 대안들을 잘 알게 되어 자존감 속에서 양심에 거리낌 없이 평화롭게 세상과 조화를 이루어 살아갈 수 있도록 해 주는 것'을 책무로 삼겠다고 말했습니다. 이렇듯 평화는 타고난 반사작용이 아닙니다. 평화는 획득하고 배우고 노력해서 얻는 것입니다.

이 책에 나오는 어린 친구 다섯 명은 세계가 그들에게 가하는 폭력을 이겨 내고 자신과 자신이 살고 있는 세계를 바꿔 냈습니다. 다섯 친구들이 바깥에서 가해지는 폭력은 물론이고 내면에서 자라는 폭력에도 용기 내 맞서는 사이, 이들은 비폭력을 통해 평화를 이룰 수단을 찾았습니다.

용기 있는 다섯 친구들이 들려주는 이야기에 귀 기울이는 동안, 우리 어린이와 청소년들이 팔리스를 따라 남아메리카로, 은코시를 따라 아프리카로도 가 보고, 이크발을 따라 파키스탄의 양탄자 노동자로, 잘을 따라 수단의 소년병으로 살아 보기도 하면서, 캐나다의 세번처럼, 이렇게 외치는 체험을 해 보기 바랍니다.

　"우리는 온 세상의 어린이들입니다."

차례

우리가 살 만한 세상

우리는 온 세상의 어린이들입니다.

우리는 착취와 학대에 시달리는 피해자들입니다.

우리는 거리에서 사는 어린이들입니다.

우리는 전쟁의 포화 속에 갇힌 어린이들입니다.

우리는 HIV/에이즈에 감염된 피해자들이고, 그 병이 만들어 낸 고아들입니다.

우리는 적절한 교육과 보건 의료를 거절당한 어린이들입니다.

우리는 정치적으로, 경제적으로, 문화적으로, 종교적으로 그리고 환경에서도 차별받는 피해자들입니다.

우리는 우리에게 귀 기울여 주는 사람이 아무도 없는 어린이들입니다. 이제 우리 이야기를 귀담아들을 때입니다.

우리는 어린이들이 살 만한 세상을 원합니다. 우리가 살 만한 세상이라면 모두가 살 만한 세상이니까요.

그 세상에서는 어린이들의 권리가 존중됩니다.

정부와 어른들은 어린이들의 권리가 실질적으로 실현될 수 있도록 책임을 다합니다. 아동권리협약이 모든 어린이에게 적용됩니다.

가정과 지역사회와 국가는 어린이들에게 안전하고 해롭지 않으며 건강한 환경을 보장합니다.

그 세상에는 착취도 학대도 폭력도 없습니다.

어린이들이 착취당하거나 학대받지 않게 지켜 주는 법률을 시행하고, 모두 준수합니다.

어린이들이 피해를 당했을 때는 그들의 삶을 다시 일으켜 세워 줄 시설과 프로그램들이 있습니다.

그 세상에는 전쟁이 없습니다.

세계 지도자들은 폭력을 사용하는 것이 아니라 평화적인 대화를 통해 갈등을 해결합니다.

전쟁으로 난민이 되거나 피해를 당한 어린이들은 어떤 방법으로든 보호해 주고, 다른 모든 어린이와 똑같은 기회가 그 어린이들에게도 주어집니다.

군비축소가 이루어지고, 무기 거래가 사라지며, 아동 병사가 존재하지 않습니다.

그 세상에서는 보건 의료가 제공됩니다.

모든 어린이가 생명을 유지하는 데 필요한 의약품을 언

고 치료를 받을 수 있습니다.

어린이들이 더 나은 건강 상태를 유지할 수 있도록 모두 강력하고 책임 있게 협력합니다.

그 세상에서는 HIV/에이즈가 근절됩니다.

예방 프로그램을 비롯한 HIV 교육 시스템이 갖추어져 있습니다.

검사와 상담이 무료로 이루어집니다.

HIV/에이즈에 관한 정보에 대중이 자유롭게 접근할 수 있습니다.

에이즈 때문에 고아가 되거나 HIV/에이즈에 감염된 어린이들이 보살핌을 받고, 그들도 다른 모든 어린이와 똑같은 기회를 누릴 수 있습니다.

그 세상에서는 환경이 보호됩니다.

자연 자원이 보존되고 복원됩니다.

모든 사람이 어린이들이 건강한 환경, 성장에 유리한 환경에서 살아가야 한다는 걸 잘 압니다.

장애를 가진 어린이들은 그들에게 필요한 환경에 손쉽게 접근할 수 있습니다.

그 세상에서는 빈곤이 대물림되는 끈질긴 악순환이 끝납니다.

빈곤방지위원회가 있어, 예산이 투명하게 지출되고 모든 어린이가 빈곤하지 않게 주의를 기울입니다.

어린이들의 성장과 발달을 가로막는 부채 청산이 이루어집니다.

그 세상에서는 교육이 널리 보급됩니다.

모든 어린이가 질 높은 무상교육과 의무교육을 받을 수 있게 공평한 기회가 주어집니다.

어린이들이 배움을 행복하게 느낄 수 있는 학교 환경이 보장됩니다.

학업을 넘어서서 공감, 인권, 평화, 수용, 행동하는 시민의식에 관한 수업이 포함된 평생교육이 이루어집니다.

그 세상에서는 모든 어린이가 활발하게 참여합니다.

아동권리협약 정신에 따라, 모든 어린이가 당당하게 사회에 참여할 권리를 모든 사람이 인식하고 존중합니다.

어린이들의 권리에 영향을 미치는 모든 문제는 그 결정이 이루어지는 과정에서 그리고 계획하고 실행하고 감시하고 평가하는 모든 단계에서 어린이들의 활발한 참여가 이루어집니다.

우리는 아동 권리를 위한 이 싸움 속에서 어른들과 동등한 동반자가 될 것을 맹세합니다.

어린이들을 위해 어른들이 하는 행동을 지지할 것을 약속하면서, 동시에 어른들이 우리의 행동도 지지하고 참여해 줄 것을 요구합니다.

온 세상 어린이들이 마땅히 받아야 할 대우를 제대로 받지 못하고 있기 때문입니다.

우리는 문제를 일으키는 원인이 아닙니다. 우리는 그 문제점들을 해결하기 위해 필요한 자원입니다.

우리는 비용을 축내는 대상이 아닙니다. 우리는 정성 들여 투자할 대상입니다.

우리는 그저 어린 사람들에 불과하지 않습니다. 우리는 이 세상의 시민이고 주민입니다.

어른들이 우리에 대해 자신들이 갖는 책임을 인정할 때까지, 우리는 우리의 권리를 위해 싸울 것입니다.

우리에게는 의지와 지식이 있고 감수성과 헌신성이 있습니다.

우리는 어린이인 우리가 지금 가진 것과 똑같은 열정으로 어른이 되어서도 아동 권리를 지켜 나갈 것을 약속합니다.

우리는 서로를 존엄하게 그리고 존중하는 마음으로 대할 것을 약속합니다.

우리는 우리들 사이에 존재하는 차이를 열린 마음으로
섬세하게 받아들일 것을 약속합니다.

우리는 온 세상의 어린이들이기에, 배경이 각기 달라도
공통된 현실을 공유합니다.

이 세상을 모두에게 더 나은 곳으로 만들기 위한 투쟁
속에서 우리는 하나가 되었습니다.

어른들은 우리를 미래라 부릅니다. 하지만 우리는 미래
일 뿐 아니라 현재이기도 합니다.

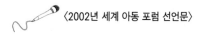 〈2002년 세계 아동 포럼 선언문〉

내 이름은 은코시 존슨입니다

하쿨라자입니다

1989년 2월 4일, 남아프리카공화국 오지 마을에 아주 작은 아이가 태어났다. 마을이라기보다 무단 점유자들이 생활하는 야영지라고 불러야 어울릴 만한 빈민가에서 태어난 아기는 채 2킬로그램도 안 되었다. 건강은 아주 나쁜 상태였으며, 콧구멍이 막혀 있어 숨쉬기조차 힘겨워했다.

그곳은 웬만한 사람은 찾아가기도 어려운 깊숙이 숨어 있는 오지 마을이었다. 한때는 줄루 왕국이라 불리며 번성했지만, 지금은 존재하지도 않는 곳이 되었다.* 늘 사람들이 새로 도착하거나 어딘가로 떠나가는 곳, 초라한 행색을 한 줄루족 사람들이 흘러들었다가 정처도 없이 터덜터덜 걸어 나

26 세상을 바꾼 아름다운 용기

가는 곳이었다.

아기의 외할머니 루스가 이 마을에 처음 발을 들여놓았을 때, 그녀는 아직 어린 소녀였다. 어머니 손에 이끌려 이곳저곳 전전한 뒤였다. 아파르트헤이트라 불리는, 백인들이 시행한 흑인 차별 정책이 본격화되어 흑인들은 집과 농장에서 쫓겨나 이리저리 떠돌며 간신히 연명하던 시절이었다. 줄루족으로 태어난 루스 역시 읽고 쓸 줄 모르는 건 물론이고 병원은커녕 학교에 가 본 적도 없었다. 루스는 수많은 밤을 허기진 배를 움켜쥔 채 잠이 들었고, 그렇게 아무것도 기대하지 않는 법을 배워 갔다.

루스의 딸인 아기 엄마 다프네도 그곳에서 나고 자랐다. 벌써 둘째를 낳은 아기 엄마이지만, 스무 살이 채 안 된 나이였다. 다프네는 작고 허약한 사내아이를 낳아 솔라니 은코시라 이름 붙였다. 하지만 그녀는 이미 죽어 가고 있었다. 그리고 엄마 자궁 안에 그토록 작은 공간만을 차지한 채 생명

* 줄루 왕국은 19세기 나탈 지역에 존재했던 줄루족의 왕국으로, 영국군이 침략해 오자 그에 맞서 강력한 저항운동을 벌였으나, 1879년 수차례에 걸쳐 현대식 무기로 무장하고 들어오는 영국군에게 결국 점령당했다. 영국에 합병된 후, 줄루 왕국은 13개 작은 부족 형태로 분할통치되었고, 그에 반대한 디누줄루 왕은 1886년 새 공화국을 건설했으나 트란스발에 병합되고, 나머지 줄루 왕국은 1897년 나탈에 병합된 역사를 갖고 있다.

이 시작된 은코시도 마찬가지였다.

태어난 지 몇 개월이 흘러도 은코시의 호흡은 전혀 나아지지 않았다. 콧구멍이 심하게 막혀 쉬지 않고 콧김을 몰아 쉬느라 쿵쿵거렸으며, 편도선이 부어오르고, 입안에는 물집이 잡혔다. 또, 젖이나 음식을 제대로 먹을 수 없어 체중이 전혀 늘지 않았다. 실제로 다프네는 때때로 은코시가 눈앞에서 줄어들고 있는 착각을 일으키기도 했다.

마을 사람들은 모두 몇 달을 넘기지 못할 거라고 했다. 하지만 은코시는 첫 생일을 넘기고 살아남았다. 기침, 충혈, 인후염, 귀앓이, 오목한 가슴에서 비어져 나오는 쌕쌕거리는 거친 숨소리가 은코시가 간신히 버티고 있음을 알게 해 주었다. 그러나 그곳은 어떠한 치료도 지원도 받을 수 없는 오지 마을이었다.

"떠나야 해. 아이를 살릴 수 있는 곳으로 가야 해!"

마음을 굳힌 다프네는 무작정 요하네스버그를 향해 홀로 길을 나섰다. 현대적인 의료 시설이 있는 곳으로 가야 했다.

다프네는 요하네스버그 동쪽 변두리 마을 미용실에 청소부 일자리를 얻었다. 그녀 역시 몸이 점점 더 쇠약해져 가면서도 하루 한 끼로 때우며 열심히 돈을 모았다. 그리고 흙투성이 마을에서 어머니 루스와 여동생 신시아 그리고 자신의 두 아이를 데려왔다. 마침내 죽음의 문턱 앞에 선 은코시가 병원 진료를 받을 수 있게 되었다.

"앙쿨라자입니다."

의사가 은코시에게 내린 진단명이었다. 앙쿨라자는 줄루 어로 에이즈를 뜻했다. 의사는 엄마인 다프네도 감염되었을 가능성이 크다고 했다. 다프네는 치료를 권하지도 않는 병원 을 서둘러 빠져나와 평소와 다름없이 생활했다. 가족에게도 이 사실을 알리지 않고 숨겨야 했다. 감염 사실이 알려진 사 람들은 돌을 맞기도 했고, 살던 집에서 강제로 내쫓겨야 했 기 때문이다.

하지만 다프네가 감추고 싶었던 비밀은 채 한 달도 버티 지 못했다. 의사가 미용실에 전화를 걸어 원장에게 알렸고, 그 길로 다프네는 일자리를 잃었다. 일주일 후에는 마을 전 체에 소문이 퍼져 다섯 식구는 보잘것없는 방에서마저 쫓겨 나야 했다.

겨우 흑인 거주 지역을 막 벗어난 곳에 있는 무단 점유지 에서 오두막 하나를 찾아냈다. 다프네 가족은 고물 버스에 몸을 쑤셔 넣고 차라리 익숙한 그곳으로 향했다.

또 다른 남아프리카공화국

마을은 한바탕 쏟아진 빗줄기에 짙은 녹색으로 충만했다. 하늘을 향해 끝없이 치솟은 나무들과 도로를 사이에 두고 널따란 정원이 펼쳐진 주택들이 물기를 가득 머금고 있었다. 남아프리카공화국 최대 도시 요하네스버그에서도 주로 중산층들이 거주하는 이곳에는 선택받은 백인들이 살고 있었다.

메리 게일 존슨도 그 가운데 한 사람이었다. 남편 앨런 존슨은 영국인으로 남아공에서 영국 국영방송BBC 피디로 일하다가 스포츠 방송을 공급하는 방송 제작사를 운영하고 있었다. 게일 역시 '게일포스'라는 작은 홍보 회사를 직접 운영하고 있었다.

게일은 모두가 부러워할 만큼 풍족했지만, 늘 뭔지 모를 쓸쓸함에 사로잡혀 있었다. 다프네의 배 속에서 솔라니 은코시가 세상에 나올 날을 기다리고 있던 1988년이 지고 있었다. 게일은 새해를 맞이하기 위해 존슨네로 모여든 친구들 틈에서도 뭔가 비어 있는 느낌을 떨칠 수 없었다. 부족할 것 없는 친구들은 새해에는 더 많은 부와 행운이 오길 서로에게 기원했다.

남아공의 새해는 밝았지만, 게일은 더 행복해질 것 같지 않았다. 그들 대부분이 세상 물정 모르던 철부지였을 적에 넬슨 만델라는 감옥에 들어갔고, 이제 아마도 만델라가 감옥 안에서 죽게 될 거라고 믿고 있었다. 남편마저 영국의 축구 소식과 자신이 운영하는 방송사 말고는 남아공의 답답한 현실에 더 이상 관심을 두지 않았다.

밤늦도록 서로의 미래를 위해 술잔들을 쩽그랑 부딪칠 때, 왠지 모를 슬픔에 젖어 있던 마흔 살 메리 게일 존슨은 혼자서 중얼거렸다.

"이것으로 충분한 걸까? 정말로 이것으로 충분한 걸까?"

절대 그렇지 않을 것 같았다.

1990년 봄, 게일은 전화 한 통을 받았다. 학교 다닐 때 친하게 지냈던 캐럴이라는 친구였다. 오랜만에 점심을 함께하기로 하고 만난 두 사람은 식당으로 향했다. 어느 길에 이르자 캐럴은 자신의 오빠가 사는 아파트에 잠시 들르자고 했다. 캐럴의 오빠는 에이즈 말기 환자였다. 그는 뼈와 가죽만 남은 모습으로 침대에 누워 움직이지 못했고, 기운이 다 빠져나가 속삭이는 정도밖에 소리를 내지 못했다.

게일은 눈물이 나오려는 걸 간신히 참아야 했다. 무어라도 돕고 싶었다. 두 사람은 오빠를 씻겨 주고 소화하기 쉬운 음식을 만들어 먹였다. 그러고 나서 게일은 캐럴이 가져온 잡지 하나를 꺼내 그에게 읽어 주었다. 게일과 캐럴은 점심을 먹으러 가는 길이었다는 사실도 잊었다. 잠시 후 아파트를 나와 산책 길을 따라 걸으며 게일은 캐럴이 그에 관해 들려 주는 이야기에 푹 빠져들었다. 캐럴의 가족은 동성애자라는 이유로 오빠에게 단절을 선언하고 한 번도 찾은 적 없다고 했다.

"그럼 누가 오빠를 돌봐 줘?"

"나밖에 없어. 그것도 시간이 날 때뿐이야."

"오빠 친구들이나 뭐, 주위에 다른 사람은 아무도 없어?"

"아마도."

게일이 본 아파트는 사형 집행을 기다리는 감방이었다. 그 곳에서 한 남자가 말을 걸어 주는 사람도, 미소를 지어 주는 사람도, 온기를 느끼게 해 주며 혼자가 아니라는 걸 보여 주는 사람도 없이 홀로 외롭게 죽어 가고 있었다.

게일은 에이즈에 대해 더 자세히 알고 싶었고, 자신이 무엇인가 해야겠다고 결심했다. 아파트에서 홀로 죽어 가던 그의 비참한 모습을 떨쳐 낼 수가 없었다. 무엇보다 에이즈에 대해 알아 갈수록 에이즈를 안고 살아가는 사람들이 모두로부터, 모든 것으로부터 격리된다는 사실이 가장 가슴 아프게 다가왔다.

게일과 그 주변 사람들로 이루어진 작은 모임을 시작으로, 에이즈와 그 병에 걸린 사람들에게 관심을 기울이는 사람들이 차차 모이기 시작했다. 연말이 되자 중산층들이 주로 사는 휴튼에 있는 오래된 맨션을 세낼 만큼 돈도 모였다. 그곳에 에이즈로 죽어 가는 남자들이 머물게 되었다.

게스트 하우스라는 이름으로 불린 그곳은 절반은 쉼터, 절반은 에이즈 말기 환자를 위한 치료소였다. 게일의 남편 앨런과 딸 니콜레트와 아들 브레트도 자원봉사에 나서 주었다. 처음에는 불편해하던 동네 주민 중에서도 도움을 주겠다며 들르는 사람들이 생겨날 정도로 게스트 하우스 활동은 성공적이었다. 문제는 자금이었다. 기금 모금 행사를 벌이고 후원자 모집에도 나서 보았지만, 음식과 집세 등 게스트 하우스 유지비와 환자들을 병원에 데려갈 밴에 들어갈 비용은 늘 부족하기만 했다.

은코시와 게일의 만남

다프네는 점점 더 힘들어지는 몸을 이끌고 일하느라, 아이를 병원에 데리고 다니느라 그리고 자신이 감염시켰다는 자책감을 이겨 내느라 혼자 힘겨운 싸움을 벌이고 있었다.

그러던 어느 날, 누군가 오두막 앞에 휘갈겨 놓은 문구를 발견했다.

'당장 떠나!'

은코시가 아픈 이유를 알게 된 무단 점유자 거주 지역 사람들은 모자에게 노골적으로 적대감을 드러냈다. 경고를 무시하면 언제 무슨 일이 닥칠지 알 수 없었다. 다프네는 얼마 전 담당 의사로부터 들은 게스트 하우스를 떠올렸다. 하지만 그곳은 백인들이 사는 곳이었다.

수없는 망설임 끝에 마침내 결단을 내린 다프네는 어린 아들을 데리고 요하네스버그 시내로 가는 차에 올랐다. 게일이 있는 게스트 하우스로 향하는 길이었다. 지칠 대로 지친 다프네와 은코시가 넓은 잔디밭으로 이어지는 계단을 올라, 크고 웅장한 게스트 하우스 문 안으로 들어섰다.

남자 어른들만 생활하던 게스트 하우스에 어린아이의 방문은 깜짝 놀랄 만한 일이었고, 즉석 토론이 벌어졌다. 잠시후 최연소 입주자가 열렬한 환영 속에 받아들여졌다. 그 자리에서 '게스트 하우스 베이비시터 클럽'이 탄생했다. 누군가 아이 이름을 물었다.

"은코시. 이 아이 이름은 그냥 은코시야."

다프네와 상담했던 직원의 기억에서 어느새 솔라니는 사라지고 은코시만 남아 있었다.

그날 오후 은코시를 만난 게일은 주말이면 아이를 집으로 데려갔다. 그녀는 은코시에게 다양한 생활을 보여 주고 싶어 했다.

게스트 하우스 활동이 사람들 사이에 조금씩 알려져 갔지만, 운영비를 감당하기는 늘 힘겨웠다. 곧, 찬장이 비고 커피가 바닥났다. 집세와 전기세와 가스비를 낼 돈도 음식과 연료를 살 돈도 떨어졌다. 결국 이사회는 게스트 하우스 문을 닫기로 결론을 내렸다.

거부와 비난 속에서 살아가던 에이즈 환자들은 게스트 하우스에서 맛보았던 작은 기쁨을 기억 속에 남겨 두고 다시 어디론가 떠나야 했다. 병원으로, 혼자만의 공간으로, 한 명씩 떠나갔다. 그리고 은코시가 남았다.

1992년 2월 8일, 게일과 앨런 부부, 니콜레트와 브레트 남매에게 가족이 한 사람 더 늘었다. 그리고 조그마한 줄루족 아이 은코시에게는 엄마와 아빠, 형과 누나, 개 한 마리, 고양이 여러 마리, 풀장과 밝게 해가 드는 자기 방이 있는 가정이 생겼다. 은코시 존슨이라는 새로운 이름과 함께 새 생활이 시작된 것이다.

의사들은 아이에게 주어진 시간을 일 년 정도로 예상했다. 은코시는 이제 갓 세 살이었다. 당시 에이즈 바이러스를 안고 태어난 아이들은 첫 생일을 넘기기 어려웠고, 대부분 서너 살을 넘기지 못했다. 의사들은 따뜻한 보살핌과 치료, 엄격한 위생 습관, 건강한 환경, 적절한 식이요법이 수반된다면, 기대 수명이 조금은 연장될 수 있다고 했다.

게일의 집에 왔을 때 은코시는 갓난아이만큼 작았고, 간신히 걸음을 옮길 수 있을 뿐 아직 말도 할 줄 몰랐다. 그런 은코시가 맨 처음 알아들은 말이 "하하하"였다. 온 가족이 동원된 웃음 요법 덕분이었다.

그러나 세상 모든 웃음소리를 다 가져온대도 은코시에게서 병을 사라지게 할 수는 없었다. 은코시는 감염된 간과 비장 때문에 작은 배가 늘 부풀어 올라 있었다. 만성적인 설사로 배변 훈련이 어려웠고, 꽉 막힌 코와 목 때문에 쉴 새 없이 훌쩍이고 쿵쿵거렸다. 힘겨운 호흡도, 가슴에서 쌕쌕거리는 소리도 그대로였다. 기침이 떠날 줄 몰랐고, 밤이면 귀찮으로 고함을 지르곤 했다. 게다가 식욕이 작은 새만큼밖에 되지 않아 몸무게가 늘지 않았다.

그래도 1993년, 은코시가 네 번째 생일을 맞았을 때는 비록 방향을 돌려세우진 못할지라도 적어도 나아진 모습이 보이기 시작했다. 결핵을 포함해 일부 증상이 조금 나아졌고, 호흡도 꾸준히 개선되고 있었다. 은코시가 전보다 훨씬 잘 먹고 몸무게가 늘고 있다는 게 무엇보다 희망이었다.

'에이즈 고아'라는 큰 가족 속으로

다프네는 열흘에 한 번꼴로 게일의 집을 찾았다. 은코시가 어서 건강이 좋아지기를 바라는 마음은 게일도 다프네도 마찬가지여서 두 여인의 마음이 서로 통했다. 게일은 다프네가 들려주는 가슴 아픈 사연들에 눈물을 흘렸고, 에이즈로 죽어 가는 엄마와 아이들에게 도움의 손길이 절실하다고 생각했다. 방문 때마다 다프네의 목소리는 더욱 약해지고 힘도 쇠약해지고 있었다.

시간이 흐를수록 게일은 에이즈로 죽어 가는 엄마들과 아이들에게 필요한 쉼터를 세우겠다는 결심을 굳혀 갔다. 은코시와 같은 아이들, 다프네와 같은 엄마들을 위한 해결책이 절실했다. 그 쉼터의 첫 입주자는 당연히 다프네여야 했다.

1997년 2월, 무게가 거의 느껴지지 않는 은코시를 들어 올리는 일조차 다프네에게는 힘겨운 일이 되었다. 그녀의 병세가 눈에 띄게 악화되고 있었다. 며칠 후 다프네는 자신과 아이들이 태어난 곳, 한때 줄루 왕국이었던 뉴캐슬로 홀로 여행길에 올랐다. 그곳에서 상태가 급격히 악화되었고, 스물다섯에 그 힘겨운 삶을 마침내 내려놓았다. 공식 사인은 호흡기 감염으로 아프리카 에이즈 환자들에게 가장 일반적인 사인이었다.

엄마의 장례식에 참석한 가슴 아픈 그날, 여덟 살 은코시는 자신도 모르는 사이에 또 다른 가족의 일원이 되었다. 에이즈로 고아가 된 아프리카 아이들이라는 거대한 가족이 된 것이다.

다프네가 죽은 그날, 남아공에만 적어도 에이즈 고아 10만 명이 있었다. 그리고 잠비아에 40만 명, 우간다에 100만 명 이상이 있었다. 당시 아프리카 대륙 전체에서 에이즈 고아는 1천만 명에 이르렀다.

은코시는 그날을 또렷이 기억하고 있었다.

"엄마가 뉴캐슬로 여행을 떠났고, 거기 있는 동안 매우 아팠다는 이야기를 이모한테 들어서 알고 있었어요. 난 엄마가 많이 아프다는 걸 이미 알고 있었어요. 엄마와 내가 같은 병이라는 것도, 우리 둘 다 같은 병으로 죽게 되리라는 것도요. 하지만 엄마가 그렇게 빨리 죽게 될 줄은 몰랐어요. 그래서 무척 슬펐어요. 엄마가 하늘나라로 갔다고, 엄마를 다시는 볼 수 없게 되었다고 이모가 말했을 때, 나는 엉엉 울었어요."

다프네가 세상을 떠나고 몇 주 동안 은코시는 겁에 질려 있었다. 평상시보다 훨씬 더 심술을 부리면서도 입은 꾹 다물었다. 은코시에게는 엄마가 죽었다는 사실이 보통 여덟 살 아이에게 닥친 가족의 죽음과는 또 다른 의미가 있었다. 자기 미래에 대한 뚜렷한 경고로 다가왔던 것이다.

"게일 엄마, 난 죽고 싶지 않아요."

"누구나 그렇단다, 아가야. 하지만 우리는 모두 죽는걸."

그 순간 은코시 눈에 고여 있던 눈물이 넘쳐흘렀다.

"알아요, 게일 엄마. 잘 알고 있어요. 하지만 그래도 난 죽고 싶지 않아요. 나도 게일 엄마만큼 나이 들도록 살고 싶단 말예요."

마지막 말이 게일을 씁쓸히 웃게 했다. 어쨌거나 자신은 마흔여덟 살밖에 안 되었으니 말이다. 게일은 경건한 자세로 두 손을 은코시 가슴에 얹고 속삭였다.

"애야, 난 네가 오래 살 거라 믿어. 그리고 은코시뿐만 아니라 은코시가 사랑하는 모든 사람이 행복하게 오래오래 살 수 있도록 내 모든 것을 바쳐서 노력할게."

그 말에 마음이 놓였는지, 오래 지나지 않아 은코시는 예전 모습으로 돌아왔다.

입학 투쟁

1997년 2월 어느 날, 다프네가 죽기 얼마 전이었다. 은코시가 불쑥 게일에게 말했다.

"학교에 가고 싶어요. 다른 아이들처럼 말이에요."

"물론 그래야지, 아가. 네가 학교에 가고 싶다면 학교에 가는 거야."

남아공의 공립학교 입학원서에는 병력을 기록하는 항목이 있었다. 원서에 은코시가 현재 앓고 있는 전염성 질병을 작성해야 했다.

게일은 은코시의 감염 상태를 늘 당당하게 공개해 왔기에 주저 없이 빈칸을 채웠다. 멜파크 초등학교에 입학을 지원한 어린 소년이 HIV 양성 보균자임을 밝힌 것이다.

게일은 교장실로 가서 손수 원서를 제출했다. 남아공의 공립학교에 HIV 양성인 아동의 입학을 금지하는 법률이나 규정은 없었다. 그래서 곧 입학을 환영한다는 기쁜 소식이 날

세상을 바꾼 아름다운 용기

아왔다. 신문과 방송 뉴스에서 은코시의 입학 소식이 빠르게 퍼져 나갔다. 그러자 멜파크 초등학교의 학부모들이 학교 앞에서 팻말을 들고 항의 시위를 벌였다.

"은코시, 우리는 널 받아들일 수 없다!"

은코시를 교실에 들이는 것이 자기 아이들에게 위험하다는 주장이었다. 논란이 가열되어 갔다. 요하네스버그 신문들뿐 아니라 현지 라디오와 텔레비전 방송에서도 은코시 이야기가 메인 뉴스를 차지했다. 곧이어 중앙 언론은 물론이고 멀리 떨어진 케이프타운이나 더반에서까지 중요한 뉴스로 다루어지기 시작했다. 자신들도 모르는 사이에 게일과 은코시는 남아공에서 유명해지고 있었다.

은코시의 입학을 받아들였던 멜파크 초등학교 교장은 편지와 전화 공세에 마음이 흔들리고 있었다. 교사들과 학부모들도 의견이 둘로 갈렸다. 마침내 교장은 공개 토론회를 몇 차례 열었고, 마지막 토론 모임에서 투표가 벌어졌다. 놀랍게도 정확히 찬반 동수였다. 언론은 더욱더 들끓었다.

'에이즈 소년을 입학시켜라'

요하네스버그의 한 타블로이드 신문에서 1면으로 요구를 내건 것을 시작으로, 현지 신문들은 날마다 새로운 사설을 실었다. 대부분 은코시의 입학을 지지하면서 시 당국의 개입을 촉구하거나, 중앙정부가 행동에 나서야 한다고 주장했다. 언론뿐 아니라 현지 정치인들과 교육자들이 견해를 밝혔고, 논설위원들은 쏟아져 들어오는 편지들에 정신을 차릴 수 없을 지경이었다.

은코시가 텔레비전에 나가 말했다.

"제가 하고 싶은 것은 하나예요. 학교에 가고 싶어요."

곧 꺼질 듯 가느다란 목소리로 은코시는 줄기차게 밝혔다.

"다른 아이들은 모두 학교에 다녀요. 저도 다른 아이들처럼 되고 싶어요. 혼자 남겨지고 싶지 않아요."

빗발치는 요구 속에서 마침내 중앙정부가 나섰다. 2월 말, 새 학기가 시작되는 시점에 맞추어 남아공 의회는 은코시와 같은 HIV 양성 아동을 공립학교에 받아들이지 않는 건 법을 어기는 행위라는 법령을 제정했다. 이를 이어받아 교육부가 공립학교에서 HIV 양성 아동에 대해 차별 없는 지위와 대우에 관한 규정을 만들었다. 언론에서 헤드라인으로 화답했다.

'에이즈 소년 학교에 가다'

'용감한 소년이 제도를 바꾸다'

은코시 쉼터가 문을 열다

입학 투쟁으로 뜻하지 않게 유명세를 얻게 되면서, 게일은 그동안 꼭 하고 싶었던, 다프네 같은 여성들 그리고 은코시 같은 아이들이 처한 고통스러운 현실에 관해서 세상에 이야기하기 시작했다. 많은 사람들이 귀를 기울였다.

"결코, 기필코 다시는, 아름다운 이 땅에서 한 집단이 다른 집단에 의해 억압을 겪어서는 안 됩니다."

게일은 넬슨 만델라의 감동적인 대통령 취임사를 인용하며, HIV에 감염된 엄마와 아이들을 위한 쉼터 설립에 필요한 기금 모금에 나섰다.

1993년 만델라가 대통령으로 취임하면서 백인이 흑인을 차별한 아파르트헤이트 체제는 끝났지만, 게일에게 에이즈는 힘없는 한 집단에 낙인을 찍는 또 다른 아파르트헤이트였던 것이다. 마침내 1999년 4월, 은코시 쉼터가 문을 열었다. 엄마 여덟 명과 앙앙 우는 다섯 아이가, 비록 아파서 허약해진 몸이지만 행복한 입주자가 되었다.

은코시는 학교를 마치고 나면 곧바로 쉼터로 달려갔다. 토요일과 일요일에는 말할 것도 없었다. 쉼터 식구들은 은코시에게 어느 날 불쑥 생겨난 가족이었다. 자신보다 어린 동생

들에게 형이나 오빠 노릇하는 게 은코시에게는 큰 기쁨이었
다. 쉼터에 있을 때면 늘 식탁을 차리거나, 갓난아기들 먹이
는 일, 기저귀를 갈아 주는 일을 돕고, 식사를 마친 후에는
청소와 설거지를 돕는 등 자질구레한 일들을 나서서 했다.
또, 유아용 의자와 오래된 소파 또는 장난감들로 가득 찬 서
재에서 어린 동생들에게 이야기책을 맛깔나게 읽어 주기도
하고, 자신이 좋아하는 텔레비전 드라마에서 본 재미나는 대
목들을 들려주기도 했다.

　은코시와 게일의 명성이 널리 퍼져 가던 1999년, 미국에
서 초청장이 날아왔다. 그러나 게일은 감추고 싶었다. 은코
시의 건강 상태를 생각하면 긴 시간 비행기를 타야 하는 여
행을 선뜻 받아들이기가 힘들었다. 그런데 소식을 듣게 된
은코시는 여행에 필사적이었다. 아침에 눈 뜨자마자 그리고
밤에 잠들기 전이면 어떻게든 다짐을 받고 싶어 했다.

　"갈 거죠, 엄마? 언제 갈 거예요? 엄마, 우린 가야 해요.
해야 할 일이 있잖아요. 그러니 꼭 가야 한단 말이에요."

　마침내 그해 7월, 두 사람은 축축하고 황량한 요하네스버
그의 겨울을 날아올라 후텁지근한 뉴욕의 여름 속으로 들어
섰다. 은코시는 여행으로 녹초가 되고, 더위로 얼굴에서는
핏기가 싹 가셨음에도 기뻐서 어쩔 줄 몰라 했다. 체력을 고

려해 여러 일정을 취소하고 중간에 휴식을 취해야만 했다. 그래도 은코시는 엄청난 인터뷰를 소화하고 기꺼이 수많은 모임에 참석했다.

은코시가 미국에서 활발히 활동한 덕택에 쉼터에 필요한 기금을 모을 수 있었다. 쉼터를 추가로 더 세우려는 계획을 지원하겠다는 사람들도 만났다. 일정이 끝나 갈 무렵에는 이름을 밝히길 원치 않는 한 부유한 뉴욕 여성에게서 선물이 도착했다. 미국과 서유럽에서 에이즈 환자 치료에 효력이 입증된 항에이즈 약제를 은코시가 매일 복용할 수 있도록 해 주겠다는 의지를 전해 온 것이다. 부유한 미국인이 아니면 엄두도 못 낼 만큼 아주 값비싼 약재여서 게일에게는 지금까지 그림의 떡이었다. 아지도티미딘AZT*이라 알려진 그 약제는 HIV 양성 판정을 받은 수많은 사람에게 살아갈 힘을 주고 생명을 연장해 주고 있었다.

그러나 은코시에게만은 별다른 효험이 없었다. 오히려 눈에 띄게 수척해져 갔다. 은코시는 하루가 다르게 발음이 불분명해졌고, 몸에 비축된 에너지가 급속히 줄어들고 있었다. 12월에는 외할머니와 함께 뉴캐슬로 생모의 무덤을 찾아가

---

* 현재는 지도부딘ZDV으로 불린다.

내 이름은 은코시 존슨입니다_은코시 존슨 **47**

기로 약속했었지만, 날짜가 다가오면서 점점 더 의지가 약해
지더니 결국 가지 않겠다고 했다. 은코시는 외할머니에게 전
화를 걸어 너무 피곤하다고 했다.

의사들은 항에이즈 치료가 은코시에게 너무 늦었을 수도
있다고 했다. 더구나 그 치료가 설사가 재발하는 길을 열기
라도 한 듯, 상당 기간 안정되었던 몸무게가 12월에 이어 다
음 해 1월까지도 그 조그만 몸에서 계속 줄어들었다. 은코시
는 화학요법을 하는 암 환자처럼 보였다. 머리카락이 빠지기
시작했고, 남은 머리카락도 촘촘한 곱슬머리가 아니었다. 은
코시는 쪼그라든 노인마냥 슬픈 표정을 짓고 있었다.

은코시는 자기 몸에서 어떤 일이 일어나고 있는지 잘 알
고 있었다. 에이즈 바이러스가 자기 몸뚱이를 완전히 지배해
버린 걸 느끼면서 종종 심하게 우울해지곤 했다.

내 이름은 은코시 존슨입니다

제13차 국제 에이즈 대회International AIDS Conference가 남
아공 더반에서 열린다는 소식이 들려왔다. 은코시가 기조연
설자로 초청을 받았다는 소식도 함께였다. 게일은 은코시를

뉴욕에 데려가는 일에 확신을 가질 수 없었듯이, 은코시가 국제 에이즈 대회에 나가는 것 또한 좋은 생각인지 확신하지 못했다. 요하네스버그에서 더반까지는 비행기로 길지 않은 거리였지만, 은코시는 이제 하루가 아니라 매시간 다르게 건강이 악화되고 있었기 때문이다.

그럼에도 언제나 그래 왔듯, 게일이 의견을 물었을 때 은코시는 두 눈을 반짝였다.

2000년 7월 에이즈 대회가 열리는 날 밤, 새 코트와 타이를 맨 은코시는 무척 깔끔해 보였다. 우레와 같은 박수 소리와 함께 은코시가 소개되자 당황한 어린 소년이 카메라를 통해 전 세계에 비쳤다. 눈이 멀 듯한 스포트라이트 아래서 핸드 마이크가 건네졌을 때는 긴장한 모습이 역력했다. 은코시는 짧고 어색하게 숨을 돌리더니, 미소를 지어 보였다.

"안녕하세요."

입에 가까이 댄 마이크를 통해 목소리가 대회장 전체로 퍼져 나갔다.

"내 이름은 은코시 존슨입니다."

박수 소리에 이어 청중석에서 다 함께 외치는 지지의 함성이 울려 나왔다.

"나는 남아공 요하네스버그에 살아요. 열한 살이고, 내 몸에는 에이즈가 잔뜩 퍼져 있어요. 나는 HIV에 감염된 상태로 태어났습니다."

대회장에는 은코시를 응원하는 열광적인 박수가 터져 나왔고, 청중들이 일어섰다.

"우리를 보살펴 주세요. 여러분과 저는 똑같은 인간입니다. 우리는 정상적인 사람들입니다. 우리에게도 손이 있습니다. 우리에게도 발이 있습니다. 우리도 걷고, 말할 수 있습니다. 그리고 다른 모든 사람과 마찬가지로 우리에게도 필요한 것들이 있습니다. 우리를 두려워하지 마세요. 우리는 모두 똑같은 인간입니다."

대회장 안에 일순간 침묵이 흐르는가 싶더니 곧이어 격앙된 함성이 울려 퍼졌다.

게일도 일어서 있었다. 자랑스러움에 가슴이 터질 듯 손뼉을 치며 울고 있었다. 아이가 기대했던 전부를, 아니 그 이상을 보여 주고 있었다.

은코시, 에이즈에 쓰러지다

12월이 되자, 은코시의 몸무게는 급격하게 줄었다. 눈이 움푹 꺼지고, 머리카락도 훨씬 더 빠졌으며, 소파로 몇 발짝 걸음을 옮기는 것조차 힘겨워 보였다. 한 기자가 찾아와 은 코시에게 물었다.

"어떻게 해서 그렇게 용감해질 수 있었니?"

"음, 난 내가 용감하다고 생각하지 않아요."

"많은 사람이 네가 용감하다고 생각한단다."

"아니에요, 그렇지 않아요. 난 그저 절대 포기하지 않을 뿐인걸요. 날 아프게 하는 이 병과 싸워야 하기 때문에 난 절대 포기할 수 없거든요. 사실 내가 죽게 되는구나 하고 생각했던 적도 있었어요. 하지만 난 말했어요. '난 포기하지 않을 거다. 내게는 수많은 다른 엄마들과 아이들을 위해 해야 할 일이 굉장히 많이 있다.' 그래서 난 지금도 포기하지 않을 거예요. 해야 할 일이 여전히 많거든요."

2001년 들어 맞이한 첫 주말, 은코시는 게일을 졸라 쉼터에서 보낼 수 있도록 허락을 받았다. 쉼터 사람들과 맛있는 저녁을 먹고 즐거운 시간을 보냈다. 그리고 은코시는 자신이 가장 좋아하는 뜨거운 물에 몸을 담그는 목욕을 하고 싶다고 했다.

목욕 중에 발작이 왔다. 그리고 그것이 심각한 뇌 손상을 일으켰다. 그 순간부터 은코시는 말할 수도, 반응을 보일 수도, 미소를 지을 수도 없는 혼수상태로 빠져들었다. 하루 이틀 사이에 병원에서 해 줄 수 있는 건 아무것도 없다는 게 분명해지자, 은코시는 구급차에 실려 짧은 생의 마지막 9년을 보냈던 집으로 옮겨졌다.

은코시가 곧 숨을 거둘 거라는 데 의사들의 의견이 일치했다. 은코시의 임박한 죽음은 곧 남아공에서 큰 뉴스가 되었다.

'에이즈 소년 쓰러지다'

'에이즈 소년 죽음 임박'

한동안 은코시의 상태에는 전혀 변화가 없었다. 더 나아지지도, 그렇다고 더 나빠지지도 않았다. 5개월이 넘어가도록 은코시는 생명의 허약한 끈을 놓지 않았다. 무엇이 은코시를 붙잡아 두고 있었을까?

은코시의 열두 번째 생일에는 초등학교 같은 반 친구였던 아이들이 찾아와 축하해 주었다. 며칠 후, 또 한 차례 심한 발작이 있어 다시 병원에 입원했다가 안정을 찾으면서 집으로 돌아왔다.

하지만 회복할 거라는 희망은 없었다. 얼마나 더 버틸 수 있을지, 그것만이 문제였다.

6월 1일, 남아공에 해가 떠오르는 이른 아침 5시 40분에 솔라니 은코시 존슨은 숨을 거두었다. 당시 몸무게는 고작 9킬로그램이었다. 에이즈가 어떤 병이라는 게 세상에 정식으로 알려진 지 20년째 되는 해 6월 첫날 금요일이었다.

우리는 모두 똑같은 인간입니다

안녕하세요. 내 이름은 은코시 존슨입니다. 나는 남아프리카공화국 요하네스버그 멜빌에 삽니다. 열한 살이고, 온몸은 에이즈에 감염되어 있습니다. 나는 HIV 감염 상태로 태어났습니다.

두 살 때, 나는 HIV/에이즈 감염자들을 위한 게스트 하우스에 살게 되었습니다. 엄마 역시 감염자였기에 나를 지켜줄 수 있는 형편이 아니었습니다. 더구나 당시 살고 있던 동네에서 나와 엄마 둘 다 감염자라는 걸 알게 되어, 우리를 쫓아내지 않을까 몹시 두려웠기 때문입니다.

나는 잘 알고 있습니다. 엄마가 나를 아주 많이 사랑했다는 것, 그리고 할 수만 있었다면 엄마가 날 자주 만나러 왔을 것이라는 사실을요. 그런데 게스트 하우스가 기금을 얻지 못해 문을 닫아야 했습니다. 그래서 당시 게스트 하우스 관리 책임자였으며, 주말이면 나를 집에 데려가 지내기도 했던 양어머니 게일 존슨이 나를 자신의 집으로 데려가겠다고 이 사회에 말했습니다. 게일 엄마가 나를 집으로 데려갔고, 지금 8년째 함께 살고 있습니다.

게일 엄마는 에이즈에 관한 모든 것과 내가 내 피를 얼마나 조심스럽게 다뤄야 하는지도 가르쳐 주셨습니다. 내가 만약 넘어지거나 베어서 피를 흘리게 되면, 나는 내 상처를 덮고 어른에게 가서 도움을 받아 피를 깨끗이 닦아 내고 그 위에 반창고를 붙여야 합니다.

내 피는 오로지 다른 사람들에게도 찢어진 상처가 있어 그 상처에 내 피가 닿을 때만 위험해진다는 사실을 나는 잘 압니다. 사람들이 나와 접촉할 때 조심해야 하는 경우는 오직 그때뿐입니다.

1997년에 게일 엄마는 멜파크 초등학교에 가서 내 입학원서를 서식에 따라 작성했습니다. 그리고 당신의 아이가 아픈 곳이 있는지 묻는 항목에서 에이즈란에 망설임 없이 '예.'라고 적었습니다.

게일 엄마와 나는 늘 내가 에이즈에 감염되었다는 것을 떳떳하게 공개해 왔습니다. 그래서 게일 엄마와 나는 입학 허가 소식을 기다렸습니다. 그런데 학교에 전화를 걸었을 때, 학교는 우리에게 전화를 주겠다는 말만 하고선 나에 관한 회의를 열었습니다.

회의에서 학부모들과 선생님들 가운데 50퍼센트가 찬성

했고, 50퍼센트가 반대했습니다. 그리고 내 큰형이 결혼하던 날, 언론을 통해 내가 학교에 들어가는 데 어려움을 겪고 있다는 사실을 알게 되었습니다. 내가 에이즈에 감염되었기 때문에 내 문제를 어떻게 해야 할지 아무도 알지 못하는 것 같았습니다. 학교에서는 에이즈에 걸린 아이를 무서워할 필요가 없다는 사실을 가르치기 위해 학부모와 교사를 위한 에이즈 워크숍이 열렸습니다. 이제 HIV에 감염된 어린이들이 학교에 들어갈 수 있고, 그것 때문에 차별받지 않아도 되는 정책이 있다고 말할 수 있게 되었다는 사실이 무척 자랑스럽습니다.

그리고 그해 내가 학교에 막 입학하기 전, 내 친엄마 다프네가 세상을 떠났습니다. 휴가를 떠난 뉴캐슬에서 잠든 가운데 돌아가셨습니다. 게일 엄마네 전화가 울려 내가 받았더니, 이모가 게일 엄마를 바꿔 달라고 했습니다. 게일 엄마가 내게 엄마가 돌아가셨다고 말하는 순간, 나는 울음을 터뜨렸습니다. 게일 엄마가 나를 엄마의 장례식에 데려갔습니다. 나는 관 속에 누운 엄마를 보았고, 엄마의 두 눈이 감겨 있는 것을 보았습니다. 그리고 사람들이 관을 땅속에 내려놓고 엄마를 흙으로 덮는 것을 보았습니다. 딸이 죽었다는 사실에 할머니가 몹시 슬퍼하셨습니다.

그때 나는 처음으로 아버지를 보았습니다. 나는 내게 아버지가 있다는 사실을 전혀 알지 못했습니다. 아버지는 몹시 괴로워 보였지만, 나는 속으로 생각했습니다. 왜 아버지는 나와 엄마를 버리고 떠났을까? 내 누나를 누가 돌봐 주고 있는지 묻는 사람들에게, 게일 엄마는 아버지에게 물어보라고 대답했습니다.

장례식이 끝난 후에도 여전히 엄마가 몹시 그리웠고, 엄마가 내 곁에 있었으면 하고 바랐지만, 이제 엄마는 하늘에 계신다는 것을 잘 압니다. 그리고 엄마는 내 어깨 위에서 나를 지켜보고 있고, 내 마음속에도 있습니다.

나는 내가 에이즈를 가졌다는 게 몹시 싫습니다. 엄청 아프기 때문입니다. 그리고 에이즈를 앓고 있는 모든 아이와 갓난아이를 생각하면 너무 슬퍼집니다. 나는 정부가 HIV에 감염된 임신한 엄마들이 배 속에 있는 아이들에게 에이즈 바이러스를 전달하지 않도록 항 HIV 약제인 아지도티미딘을 제공해 주는 일을 시작할 수 있기를 바랍니다. 갓난아이들이 계속해서 죽어 가고 있습니다. 그중 가족에게 버려져 우리와 함께 살게 된 미키라는 이름을 가진 조그만 아이가 있었습니다. 그 아이는 숨을 제대로 쉬지 못했고, 먹지도 못했습니다. 아이가 너무 아파 게일 엄마가 복지관에 전화를 걸어 아이를 병원에 입원시켰지만, 그 아이는 그곳에서 죽었습니다. 미키는 아주 귀여운 갓난아이였습니다. 나는 미키와 같은 갓난아이들이 죽지 않기를 원합니다. 그래서 정부가 빨리 나서야 한다고 생각합니다.

내가 어린 나이에 엄마와 헤어져 살아야 했기 때문에, 엄마와 나 둘 다 HIV 양성반응자였기 때문에, 게일 엄마와 나는 늘 HIV/에이즈를 안고 살아가는 엄마와 그 자녀를 위한 복지관을 열 수 있기를 바랐습니다. 지난해 '은코시 쉼터'가 처음 문을 열게 되었다는 사실을 알릴 수 있게 되어 나는 몹시 행복하고 자랑스럽습니다. 우리는 지금 엄마 열 명과 아이들 열다섯 명을 돌보고 있습니다. 게일 엄마와 나는 내년 말까지 은코시 쉼터를 다섯 개 더 열려고 합니다. 감염된 엄마들이 아이들과 함께 머무르기를 바라기 때문입니다. 엄마들은 아이들과 헤어지지 않아야 합니다. 그렇게 함께 지낼 수 있어야 그들이 서로에게 필요한 사랑을 나누며 더 오랫동안 살 수 있기 때문입니다.

내가 더 자라면, 만약 게일 엄마가 허락해 주기만 한다면, 전국을 다니며 더 많은 사람에게 에이즈에 관해 강연을 하고 싶습니다. 나는 사람들이 에이즈에 대해 이해할 수 있기를 바랍니다. 에이즈에 걸리지 않도록 주의하고 에이즈에 관한 규칙을 지킨다면, 감염된 어떤 사람과 접촉하고 껴안고 입 맞추고 악수해도 에이즈에 걸리지 않는다는 사실을 말입니다.

우리를 돌봐 주세요. 우리를 받아들여 주세요.

우리는 모두 인간입니다.

우리는 정상적인 사람들입니다.

우리에게는 손도 있고, 발도 있습니다. 걸을 수 있고, 말할 수 있습니다. 다른 모든 사람처럼 우리에게도 필요한 것들이 있습니다.

우리를 두려워하지 마세요.

우리는 모두 똑같은 인간입니다!

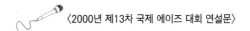 〈2000년 제13차 국제 에이즈 대회 연설문〉

조금 더 알고 싶어요

아파르트헤이트apartheid

아파르트헤이트는 '인종차별' 하면 가장 먼저 떠오를 정도로 익숙한 표현입니다. 원래는 아프리카너(남아프리카 태생 백인)의 언어인 아프리칸스어로 악의 없이 그저 '분리'를 뜻하는 말이지만, 남아프리카공화국 흑인들에게 적용되면서 소수 백인이 다수 유색인종을 지배하는 정책으로 반세기 가까이 지속되었습니다. 그러다가 국제적 비난과 압박 앞에서 그 체제 자체가 붕괴되었습니다.

남아프리카공화국에서 1948년 집권한 국민당이 아파르트헤이트라 이름 붙인 그 정책은 남아공에 사는 모든 사람을 인종에 따라 강제로 등록시키는 것을 시작으로 난폭하게 전개되었습니다. 이어 도시와 시골을 불문하고 모든 곳이 법적으로 특정한 인종만이 거주해야 하는 구역들로 각각 나누어졌습니다. 백인들은 거의 영향을 받지 않았지만, 흑인들은 지금껏 살아오던 집과 마을에서 강제로 쫓겨나 도시 주변에 따로 마련된 흑인 거주 지역에서 살게 되었습니다.

수세기에 걸쳐 살아오던 농지와 목초지에서 쫓겨난 흑인들에게 가장 박토라 할 만한 땅을 분할해 주고, 그곳을 블랙스테이트(반자치 흑인 구역)라 불렀습니다. 나라의 절반이 넘는 인구를 국토의 10퍼센트 정도 되는 땅에 억지로 쑤셔 넣는 정책이었지요. 그곳은 폐허였고, 생존 자체가 힘든 빈민굴이었답니다.

아파르트헤이트는 인종들 간에 거의 모든 사회적 접촉을 금하고 인종에 따른 공공시설 분리를 정당화했습니다. 또한, 교육 기준을 정해 인종에 따라 특정 직업을 갖는 것을 제한했고, 유색인종에게 노동조합 활동과 정치 참여조차 인정하지 않았습니다.

야만적인 인종 분리 정책에 대한 나라 안팎의 반발과 압박 속에서, 1989년 새로 취임한 클레르크 대통령이 1990년부터 1991년에 걸쳐 아파르트헤이트의 바탕을 이루는 법률들을 대부분 폐지함으로써 정책을 전환해 갔습니다. 그리고 1993년 신헌법에 따라 흑인을 비롯한 유색인종 집단에 참정권이 부여되었고, 1994년에는 다인종 총선거에서 아프리카민족회의ANC 의장인 넬슨 만델라가 대통령에 당선됨으로써 남아프리카 최초로 흑인 정권이 탄생했습니다. 이로써 일단 법률상으로는 아파르트헤이트가 종식되었습니다.

대다수 흑인들이 절망적인 블랙스테이트를 떠나 백인들이 사는 도시 인근에 있는 거칠고 난폭한 흑인 거주 지역으로 향했습니다. 블랙스테이트에 남게 된 흑인들은 정착할 곳을 찾아 이리저리 방황하는 불안정한 방랑자가 되었습니다. 은코시의 외할머니 루스 쿠말로와 자식들, 또 그 자식들의 삶이 그러했습니다. 자기가 태어난 나라에서 그들은 불법적인 외국인들이나 다를 바 없는 노숙자들이었고, 그들이 속한 줄루족 땅이었던 줄루 왕국은 이미 빼앗겨 버려 더 이상 그들 소유가 아니었지요. 그리고 이제 존재하지 않게 된 바로 그 땅, 줄루 왕국에 태어난 소년이 이 이야기의 주인공 은코시입니다.

HIV란

HIV Human Immunodeficiency Virus 는 '인간 면역 결핍 바이러스'로 에이즈를 일으키는 원인 병원체입니다. HIV가 인체에 들어오면 면역을 담당하는 세포를 찾아내 그 세포 안에서 증식하면서 결국 면역 세포를 파괴합니다. HIV는 감염인의 모든 체액에 존재하나, 특히 혈액, 정액, 질 분비물, 모유에 많은 양이 있어 주로 성관계나 감염된 혈액의 수혈, 감염된 산모의 임신과 출산을 통해 바이러스가 전파됩니다.

에이즈란

에이즈Acquired Immune Deficiency Syndrome는 '후천 면역 결핍증'으로, HIV가 몸속에 침투하여 면역 기능을 저하시킴으로써 각종 질병이 발생해 사망에 이르는 질병입니다. 에이즈 환자들은 단순히 HIV에 감염되었기 때문이 아니라, HIV가 인체에 침투하여 정상적인 면역 기능을 점차 감소시켜 어떠한 질환이 발생해도 이를 막아 낼 수 없는 상태로 만들기 때문입니다.

에이즈 역사

HIV/에이즈가 명확히 알려지지 않았던 1970년대를 '침묵의 시기'라고 부르며, 10만~30만 명 정도가 감염되었을 것으로 추정하고 있습니다. 1981년 미국 질병관리본부에 주폐포자충 폐렴 사례가 5건 보고되면서 처음으로 에이즈에 대한 관심을 불러일으킨 사건으로 기록되어 있습니다. 뒤이어 1983년에 프랑스 과학자들이 HIV가 에이즈를 유발한다는 사실을 확인하였습니다. 우리나라에서는 1985년 첫 에이즈 환자가 보고되었습니다. 2년 뒤 1987년에 미국 식약청이 아지도티미딘을 에이즈 치료제로 허가하였습니다.

에이즈 그리고 빈곤과 인권

에이즈 발병 직접 원인은 HIV이지만, 의료에 대한 불평등한 접근과 사회경제적 환경에 의해서 더욱 심화되었습니다. 빈곤과 성차별은 아프리카에서 에이즈 감염 속도를 높였고, 영양실조는 질병에 대한 저항 능력을 더욱 감소시켰습니다. 특허 문제 또한 심각한 요인으로 작용했습니다. 제약 회사들은 최대 이윤을 내기 위해 가격 수준을 선진국 시장 수준에 맞게 정했는데, 비단 약값만이 문제가 아니었답니다. 열대병과 같은 후진국 질병에 대해서는 연구가 잘 진행되지 않고, 연구 개발이 되어도 약품으로 출시되지 않는데, 이윤이 남지 않기 때문이지요. 이런 현실에서는 의약품이 절실히 필요한 사람에게 공급되기 어렵습니다.

아프리카에서 에이즈는 급속하게 여성의 질병이 되어 갔고, 에이즈가 여성의 질병이 됨에 따라 아이들의 질병이 되었습니다. 지금도 에이즈에 감염된 수많은 아프리카 여성이 자궁 안에서 혹은 산도(출산길)를 통해 그리고 모유를 통해 에이즈 바이러스를 아기들에게 전달하고 있습니다.

에이즈에 감염된 부모가 사망하게 되면 엄마 다프네와 아기 은코시처럼 아이들은 돌보아 줄 보호자 없이 에이즈 고아로 자라나게 됩니다.

아프리카는 에이즈 고아들의 대륙이 되어 가고 있습니다. '유엔 에이즈 프로젝트'에 따르면, 2010년 아프리카 에이즈 고아들이 4천만 명에 이른다고 합니다. 세계인의 사망 원인 4위 에이즈가 사하라 이남 아프리카에서는 사망 원인 1위를 기록했습니다. 비극은 빈곤의 골짜기를 따라 흐르고 있습니다.

2003년 에이즈 치료와 예방을 위한 자선 콘서트 '46664'를 앞두고 넬슨 만델라는 이렇게 말했습니다.

"에이즈는 아프리카에서 전례 없는 규모로 벌어지고 있는 비극입니다. 에이즈는 더 이상 질병이 아니라 인권에 관한 문제입니다. 지금 행동에 나서야 합니다. 에이즈에 감염된 사람들을 돕고, 에이즈를 일으키는 HIV의 확산을 막아야 합니다. '46664'는 로번 섬에 18년간 수용되어 있는 동안 내가 사용했던 수감 번호입니다. 그곳에서 나는 숫자로만 인식됐습니다. 지금 에이즈에 감염된 수천만 명도 숫자로 취급되고 있고, 그들도 평생 수용 생활을 하고 있습니다. 이것이 바로 내 수감 번호 '46664'를 이 캠페인에 단 이유입니다."

어린이들 손에 펜을 쥐여 주세요

이크발 마시

가난한 흙집에 태어난 아이

파키스탄 펀자브 주 라호르 외곽에 자리 잡은 작은 마을 무리드케. 햇볕이 마치 온 마을을 다 태워 버리겠다고 작정이나 한 듯 쏟아졌다. 물소들마저 생기를 잃은 채 흙탕물에 주저앉아 있었고, 빨래를 갖고 나와 강기슭 바위에서 두들기는 어린 소녀들만 간간이 보일 뿐이다.

이곳 흙 담장을 둘러친 흙집들이 옹기종기 모여 있는 가난한 마을에 가난한 부부 사이프 마시와 이나야트 비비가 살고 있었다. 아이들은 자꾸 늘어만 가고, 가족이 먹고살 돈은 늘 부족했다. 아내 이나야트가 남의 집 청소를 해 주며 근근이 살림을 꾸려 나갔다.

1982년, 그 집에서 또 아이가 태어났다. 그 아이는 이크발이라는 이름을 얻었다.

그러나 이크발 마시가 태어나고 오래지 않아 사이프 마시는 가족을 버리고 떠났다. 그래서 엄마가 일하는 동안 이크발의 누나들이 어린 동생들을 돌봐야 했다.

이크발과 형제들은 학교에 가지 않았다. 파키스탄에서 가난한 아이들이 읽고 쓰는 법을 배우는 경우는 흔치 않았으므로, 다른 형제들이 그랬던 것처럼 이크발도 일해서 가족을 도울 수 있을 때까지는 들판에 나가 노는 게 일과였다.

이크발이 네 살이 되던 해, 형이 결혼을 하게 되었다. 파키스탄 사람들에게 결혼식은 무척 중요한 행사여서 돈이 없거나 일자리를 잃은 사람도 꼭 축하연을 열어야 했다. 가족을 버리고 떠났어도, 신랑 아버지로서 사이프 마시는 축하연 비용 중 일부를 대야 했다. 하지만 사이프 마시가 가진 것이라고는 아이들뿐이었다.

라호르에서는 돈이 필요하면 고리대금업자나 고용주, 지주에게 의지했다. 무리드케 마을 사람들도 주로 인근에 있는 양탄자 공장 주인에게서 돈을 빌렸는데, 그러면 공장주들은 돈을 빌려 주는 대신 담보를 요구했다.

사이프는 이크발의 삼촌에게 양탄자 공장 주인에게 다리

를 놓아 달라고 부탁했다. 공장 주인은 기꺼이, 속으로는 매우 기쁜 마음으로 돈을 빌려 주겠다고 했다. 대신 사이프의 아이 한 명이 공장에 일하러 가야 했다. 이제 네 살이 된 이크발이 가는 것으로 '거래'가 성사되었다.

인근 양탄자 공장에 가게 될 거라는 얘기가 이크발에게 전해진 것은 늦은 밤이었고, 다음 날 동이 트기 무섭게 공장주가 와서 이크발을 데려갔다.

가족이 빚진 돈 600루피(12달러)를 갚을 때까지, 이크발은 일주일에 엿새, 하루 열두 시간 양탄자를 짜야 했다. 더욱이 양탄자 짜는 기술을 익히는 수습 기간 일 년은 돈을 받지 못하고, 도구와 식대, 훈련 비용까지 빚으로 추가되며, 복잡한 무늬를 짜다가 실수라도 하게 되면 벌금이 부과되는 조건이었다.

아이를 사고파는 행위는 불법이었기 때문에 공장주와 이크발의 삼촌 사이에는 문서로 된 계약서가 없었다. 빚으로 추가되는 비용도 기록은 공장주만 하게 되어 있어서, 비용을 조작한다 해도 이의를 제기할 방법이 전혀 없었다. 증인도 계약서도 없이 간단한 악수만으로 이크발은 양탄자 공장주 소유가 되었다.

어린이 양탄자 노동자

첫날 공장주가 새벽 4시에 와서 이크발을 데려갔다. 공장에 도착한 이크발은 직기 스무 대가 돌아가고 통풍이 안 되는 방으로 들여보내졌다. 작은 알전구만이 희미한 빛을 내뿜고 있는 방이었다. 날벌레들이 들어와 양모를 상하게 할 수 있다며 모든 창문을 꽁꽁 봉해 놓아 방 안은 후텁지근한 것이 찜통이나 매한가지였다.

커다란 목재 직기 한 대가 이크발에게 배당되었다. 홈이 파인 작은 나무 단상에 쪼그려 앉게 되어 있는 직기 주위로 빨강, 파랑, 자주, 노랑 색색 양모를 감은 큰 공들이 주렁주렁 매달려 있었다. 화려한 꽃, 웅장한 나무, 이국적인 새 그리고 복잡한 기하학무늬를 만들어 낼 색실들이었다.

1년간 양탄자 수습공 기간을 거쳐 다섯 살이 되었을 때, 이크발은 어린이 양탄자 노동자로 탄생했다. 이크발이 아침 4시부터 저녁 7시까지 일해서 받는 일당이 1루피(2센트)였다. 정신을 집중하지 못하면 실수를 저지르게 된다며 공장 안에서 대화는 무조건 금했다.

공기 중에 떠다니는 보풀과 솜털을 계속 들이마시기 때문에 이크발은 늘 재채기를 했고, 직기에 바짝 기대앉아 일하다 보면 땀이 얼굴로 비 오듯 쏟아졌다. 그럴 때면 공장주의 벼락 같은 고함이 날아와 귀청을 때렸다.

"양모를 더럽히지 말랬잖아!"

밤늦게 집에 오면 이크발은 너무 피곤해 가장 좋아하는 크리켓*을 할 엄두도 못 낸 채 그대로 곯아떨어졌다.

오래지 않아 이크발의 걸음걸이에서 활기가 사라졌다.

나중에 당시를 떠올리며 이크발은 이렇게 말했다.

"도망치려고 했다가는 펄펄 끓는 기름을 끼얹어 줄 거라는 무서운 협박에 늘 시달렸어요. 일하는 속도가 느리면 등과 머리에 채찍이 쏟아졌고요."

언젠가 피곤에 지친 이크발이 깜빡 졸기 시작했을 때였다. 날카로운 칼이 그만 집게손가락을 파고들었다.

"어서 손을 위로 들어 올리지 못해?"

공장주의 호통이 떨어졌다.

"네 피가 닿지 않게 하란 말이야!"

---

* 크리켓은 영국의 국기國技라 할 만한 스포츠로, 한 팀이 열한 사람씩 두 편으로 나누어 교대로 공격과 수비로 나뉘어 득점을 겨루는 경기다. 투수가 던진 나무 공을 타자가 쳐서 위켓을 쓰러뜨리면 득점하게 된다. 영국 식민지 시대에 전파되었기에, 영국 식민지였던 인도, 파키스탄, 방글라데시, 스리랑카 그리고 영국 이민자들이 건너간 호주, 뉴질랜드 등에 널리 퍼져 있다. 파키스탄에서는 국민 스포츠이다.

공장주는 핏방울이 떨어져 값비싼 양모 가닥을 더럽힐까 싶은 걱정에 피를 멈추게 한다며 상처에 뜨거운 기름을 부었다. 이크발의 입에서 비명이 터지는 순간, 공장주의 솥뚜껑만 한 손이 뒤통수로 날아들었다. 눈에 불이 번쩍함과 동시에 바로 일을 시작하라는 명령이 떨어졌다.

30분간 주어진 점심시간, 하지만 아이들은 늘 배가 고팠다. 콩을 섞은 밥이 굶어 죽지 않을 만큼만 나왔기 때문이다. 그나마 가끔 나오는 채소 반찬은 식비에 추가 비용이 되어 빚을 늘렸다.

아파서 일할 수 없다고 말하는 아이들은 징벌방이라는 캄캄한 광으로 끌려갔다.

"얼마나 아픈지 보자며 거꾸로 매달아 두기도 했어요. 우리는 두들겨 맞는 게 일이었어요."

빚 때문에 노예가 된 아이들 대부분이 순하게 고분고분 말을 잘 들었다. 하지만 겁 없이 말대꾸하는 아이들도 전혀 없지는 않았다. 이런 아이들은 두들겨 팬 후 직기에 사슬을 채워 묶어 두고 일을 시켰고, 컴컴하고 곰팡내 나는 광에 가두어 두기도 했다.

이크발도 그런 말대꾸하는 소년 가운데 하나였다. 반항을 거듭하는 이크발은 다른 아이들보다 더 자주 매를 불렀다.

이크발은 옳지 않다고 생각되면 늘 항의했다.

"어떨 땐 벌금을 받기도 했어요."

어떻게 보면, 벌금은 빚을 더 늘렸기 때문에 구타보다 더 가혹했다. 이크발은 빚을 갚는 대신 자유를 얻는 데 걸리는 시간을 점점 늘려 가고 있는 셈이었다.

탈출, 또 탈출

이크발이 여덟 살이 되었을 때, 그의 작은 손가락들은 온통 상처 자국으로 뒤덮였다. 그리고 공기 중에 떠도는 솜털 가루로 호흡은 거칠어져 있었다.

경비가 한눈파는 틈을 타 이크발은 몰래 공장을 빠져나오고는 했다. 한번은 경찰서로 달려가 공장에서 어떤 학대 행위들이 벌어지고 있는지 신고했다. 이크발은 경찰관이 진심으로 관심을 기울여 준다고 느꼈다. 그래서 협박과 매질을 비롯한 끔찍한 환경에 대해서도 털어놓았다. 경찰관은 안타까운 표정을 지으며 고개를 끄덕여 주었다. 이크발의 이야기가 끝도 없이 계속되었고 마침내 경찰관이 말했다.

"자, 그럼 나랑 같이 공장으로 가 보자."

이크발은 신이 나서 경찰차 뒷좌석으로 깡충 뛰어들었다.

경찰차가 공장으로 달렸다. 그러나 공장에 도착한 이크발을 기다린 것은 끔찍한 징벌방과 무지막지한 매질이었다. 다시는 그런 어리석은 짓을 하지 말라는 경고와 함께 공장주는 이크발에게 친절한 가르침을 주었다. 그것은 이크발이 일해야 하는 어린이이며 양탄자 노동자임을, 그리고 남은 인생 내내 양탄자 노동자로 살아가게 될 거라는 사실이었다.

이크발은 협박과 매질에도 굴하지 않고 여러 차례 공장에서 달아났다. 하지만 늘 발각되었고 다시 공장주 앞에 끌려갔다. 반항한 죄로 벌금을 받았고, 빚은 점점 더 늘어 갔다. 그래도 또 달아났다. 나중에 이크발은 직기에 사슬로 묶인 채 일해야 했다.

양탄자 공장에 특히 값비싼 양탄자 주문이 밀려들 때면, 집에 가지 말고 공장에서 밤새워 일하라는 지시가 떨어졌다. 이크발은 거부했다. 빚을 갚기 위해 정해진 하루 열두 시간 이상은 일할 수 없다며 항의했다. 말대꾸하고 일을 거부한 벌로 이크발에게 돌아오는 건 채찍 세례뿐이었다. 그래도 정해진 시간을 넘겨 일할 수 없다며 버텨 결국, 징벌방으로 끌려가 두 무릎이 묶인 채 거꾸로 매달려 있어야 했다. 이크발은 가족들이 해 줄 수 있는 게 아무것도 없다는 걸 잘 알고 있었다. 그래서 가족에게는 불평을 털어놓지 않았다. 더구나 식구들이 공장주에게 계속해서 돈을 빌리고 있는 형편이었기 때문에, 이크발이 빚을 갚고 자유로워지는 날은 절대 오지 않을 것 같았다. 빚은 600루피(12달러)에서 이제 1만 3천 루피(260달러)로 늘어나 있었다.

에샨 울라 칸과 노예노동해방전선BLLF

이크발이 태어나기 한참 전인 1967년, 언론학을 전공하는 대학생 에샨 울라 칸이 파키스탄의 오래된 도시 라호르에서 가로수가 아름답게 늘어선 거리를 걷고 있었다. 그때 칸은 앞을 못 보는 것 같아 보이는 노인이 인도에 주저앉아 있는 것을 보았다. 길을 건널 수 있게 도와주려고 가까이 다가가 보니, 노인은 울고 있었다.

"무슨 일이세요?"

칸이 묻자, 그 노인은 자기 이름은 바바 쿨란이고, 벽돌 공장에서 일하는 노예노동자라고 말하고선 칸에게 사정 이야기를 했다. 열한 살과 열세 살인 두 딸도 함께 공장 주인에게 팔려 갔는데, 두 딸이 공장주와 중개상에게 겁탈을 당했다는 것이었다. 간신히 자신만 빈 몸뚱이로 공장을 빠져나올 수 있었다며 죽고 싶다고 흐느꼈다.

그 우연한 만남이 언론을 전공하던 한 젊은이의 운명을 바꿔 놓았다.

칸은 곧장 행동에 뛰어들었다. 노인에게서 좀 더 자세한 내용을 확인하고서는 친구들을 불러 모았다. 칸과 친구들은 경찰에게 법을 집행하라고 요구했다. 노예노동의 족쇄를 찬 가난한 집안 출신이 아닌 중산층 출신 젊은이들의 요구였으므로 경찰은 이를 진지하게 접수했다. 덕분에 두 소녀는 가족의 품으로 돌아왔고, 그 소식은 노동자들 사이에서 들불처럼 번져 나갔다.

다른 노동자들이 속속 찾아오기 시작했다. 그 참상이란 게 사건 하나 해결한다고 간단히 끝날 일이 절대 아니었기 때문이다. 칸은 공부를 계속해야 할지, 아니면 힘없는 사람들을 돕는 일에 자신의 삶을 투신해야 할지 조만간 선택의 갈림길에 서야 했다. 고민을 거듭한 끝에 결국 가족들의 지지와 격려 속에 칸은 후자를 택했다.

칸이 처음 한 일 중 하나가 '벽돌공장노동자전선'이라는 조직을 결성하는 것이었다. 칸은 집을 나와 수도도 전기도 없는 작은 방으로 이사했다. 그 방이 새로 만든 조직의 사무

실 역할을 했고, 칸이 새내기 기자로서 번 수입 전부가 단체를 지탱해 나가는 데 들어갔다.

그렇게 노동자들 편에 서서 일하면서 1980년대에 접어들었을 때 칸은 이미 열두 차례나 감옥을 다녀온 경험 많은 활동가가 되어 있었다. 그는 고용주들과 부패한 관리들에 맞서 지치지 않고 더욱 용감하게 운동을 벌여 나갔다. 1988년 조직 이름을 '노예노동해방전선'(이하 BLLF)으로 바꾸고 활동을 벽돌 공장 외에 노예노동의 다른 영역으로도 확장했다.

1991년 칸이 이끄는 BLLF는 빚의 올가미에 묶인 어린이들의 노동에 맞서 싸우며 명성을 떨치기 시작했다. BLLF는 파키스탄 전역에 학교 77개를 세워, 자유를 찾은 아이들이 맘껏 공부할 수 있게 했다. 자신의 것이라고는 아무것도 가져 본 적 없는 아이들의 학교였기에 그 학교들은 '아프나(우리) 학교'라 불렸다. 또한 새로 얻은 자유라는 의미를 담아 학교마다 '자유 캠퍼스'도 조성되었다. '교육을 통해 노예제에 맞서 싸우자'가 아프나 학교가 내세우는 신조였다. 유니세프나 스웨덴의 아동 권리 옹호 단체 등 국제적 조직들이 기금을 지원해, BLLF가 더 많은 아이를 노예노동에서 해방시키고 더 많은 학교를 세울 수 있게 도움을 주었다.

노예노동폐지법을 제정하라는 유엔 권고에 용기를 얻어,

새로 자유를 찾은 수많은 아이가 뉴델리, 라호르, 카트만두 거리로 쏟아져 나와 시위를 벌였다. 아이들은 어린이 노예노동을 폐지하라고 구호를 외치며 깃발을 흔들었다.

다음 해인 1992년, 드디어 '노예노동폐지법'이 파키스탄 의회를 통과했다. 어린이노동자를 옭아매는 빚을 청산할 뿐 아니라 가족이 진 부채도 전부 탕감한다는 내용이었다. 그러나 '노예노동폐지법'을 시행하는 일은 간단치 않았다. 법이 실행되는 건 지방정부에 달려 있었지만, 그들은 전혀 움직이지 않았기 때문이다.

대신 BLLF 회원들이 마을마다 돌아다니며 새 법률을 알렸다. 세상의 손길이 잘 닿지 않는 오지 마을 곳곳에서 집회와 모임을 열고, 노동자 권리를 설명하는 '자유 헌장'이라는 팸플릿을 나눠 주었다.

하지만 노예노동자들은 대부분 글을 몰랐다. 이들을 위해 BLLF는 공장 밀집 지역의 심장부로 곧장 들어가 기습 시위를 벌임으로써 수많은 노동자를 해방시켰다.

BLLF가 활발히 운동을 벌이자, 더불어 그들의 평판을 깎아내리려는 시도들도 거세졌다.

사업주들은 '자유 헌장'이 공산당 주장이라고 떠들어 댔다. 정부도 BLLF 회원들이 파키스탄과 앙숙 관계인 국경 너머 인도에서 온 첩자들이라고 몰아붙였다. 그리고 양탄자 산업과 벽돌 산업을 무너뜨림으로써 파키스탄 경제를 파괴하려 한다는 비난이 BLLF에 쏟아졌다. 공장주들은 값싼 노동력을 빼앗긴 탓에, 지방정부 관리들은 자신들이 저지른 부패를 폭로한 탓에 BLLF를 마뜩잖아했다.

이크발에게 찾아온 자유의 날

양탄자를 짠 지 6년째, 이크발은 이제 하루 일당으로 20루피(40센트)를 받았다. 하지만 노예 상태를 벗어나는 건 가망 없을 만큼 빚이 훨씬 늘어나 있었다. 이크발이 일하는 공장에도 BLLF에 관한 이야기가 들려왔다. 공장주는 다른 대다수 고용주들처럼 BLLF가 위험한 집단이라며 겁을 줬다. 이크발은 공장주가 나쁘다고 얘기할 때는 그것이 아주 좋은 것일 수 있다는 사실을 알 만큼은 영리한 아이였다.

"사장이 경고한 바로 그날, 공장에서 도망쳤어요."

공장을 몰래 빠져나온 이크발이 찾아간 곳은 '노예노동자 자유의 날' 기념 행사장이었다.

이크발이 나중에 멘토이자 아버지 같은 인물, 그리고 가장

가까운 친구가 될 운명의 남자와 처음 마주친 곳이 바로 그 곳이었다. 그 순간까지도 이크발은 전혀 모르고 있었다. 어린이노동자를 보호하는 법률이 있다는 사실도, 노예노동의 올가미가 된 부채가 이미 1년 전에 불법으로 공표되었다는 사실도. 가족이 공장주에게 진 빚을 정부가 이미 탕감했다는 사실을 알았을 때, 이크발은 큰 충격을 받았다. 그리고 분노에 떨었다. 이크발은 연사들의 이야기에 귀를 쫑긋 세운 채 행사장 구석을 어슬렁거렸다.

그 모습이 칸의 눈에 띄었다.

"무대 위로 올라가서 네가 누구인지 소개해 보렴."

이크발은 자신의 이름, 나이, 공장주의 이름 그리고 빚이 얼마인지도 이야기했다.

집회가 끝난 후 이크발은 노예로 되돌아가지 않기로 작정했다. 그리고 그 길로 BLLF 변호사를 찾아가 '자유 증서'를 받았다. 하지만 거기서 그칠 수는 없었다. 공장에 남아 있는 다른 아이들도 함께 자유를 얻지 못한다면 자신도 완전히 자유로울 수 없다고 느꼈기 때문이다. 공장으로 돌아가 아이들에게 자유를 찾을 수 있다고 알려 줘야 했다.

이크발은 BLLF의 든든한 힘을 등에 업고, 당당히 공장주에게 가 자유 증서를 내밀었다. 그리고 공장에 있던 나머지 소년들에게 외쳤다.

"나랑 같이 나가자. 가서 자유를 찾자."

공장주는 불같이 화를 냈지만 어쩔 도리가 없었다. 열 살에 드디어 이크발은 자유를 찾았다.

타고난 리더, 이크발 마시

이크발은 칸의 도움을 받아 고향 마을 무리드케에서 20킬로미터 떨어진 라호르로 옮겨와 BLLF 자유 캠퍼스에서 공부할 수 있게 되었다. 이크발의 삶에 찾아온 또 한 차례의 변화였다.

파키스탄의 아름답고 오래된 도시 속 분주한 거리, 꽉 찬 버스들, 각양각색 사람들은 생기 없던 고향 마을과는 매우 달랐다. 이제 학생이 된 이크발처럼 학교에 다니는 아이들이 공원에서 크리켓 경기를 하고, 고대 궁궐이라든지 아름다운 모스크*로 여행을 다녔다. 이크발은 자유 시간이 되면 극장에서 쿵푸 영화와 만화영화를 봤다. 꿈에도 상상하지 못했던

---

* 파키스탄의 종교는 이슬람교이다. 모스크는 이슬람교의 예배당으로 이슬람 공동체의 중심이 되는 곳이다.

'자유 시간'이라는 걸 드디어 이크발도 누리게 된 것이다.

이크발은 학교에서 우르두어로 읽고 쓰기를 배웠다. 이크발은 매우 총명했다. 그리고 어찌나 열심이던지, 2년 만에 5학년을 마쳤다.* 또한, 이크발은 천성적으로 주위 친구들을 돌보기 좋아하는 타고난 리더였다. 반 친구가 수업에 안 나오면 집으로 찾아가 이유를 알아보고, 수업 필기 노트가 필요한지 확인해 챙겨 주었다.

글을 익혀 시야가 넓어진 이크발은 미국 노예제에 대해서도 공부하고 난 후 이렇게 말했다.

"에이브러햄 링컨처럼 되어서 파키스탄에 있는 모든 노예 어린이를 해방하고 싶어요."

이크발은 BLLF 활동가들과 함께 시골 곳곳을 다니며 집회를 열었고, 양탄자 공장들을 찾아가 그곳에서 일하는 아이들에게 자유의 메시지를 전했다.

청색 교복을 차려입은 이크발이 군중 앞에 서면, 열정이 넘치는 그의 연설에 사람들이, 특히 아이들이 눈을 반짝이며 귀를 기울였다. 그러면 이크발은 양탄자 노동자로 살아온 삶에 대해, 직기 앞에서 오랜 시간을 보낸 다른 소년들에 대해,

---

* 파키스탄의 학제는 초등학교 5년, 중학교 3년, 고등학교 2년, 대학교 4년, 대학원 2년이다. 따라서 이크발은 초등학교 5년을 2년 만에 마친 셈이다.

학대와 매질과 굶주림에 대해, 그리고 가난한 아이들에게서 유년기를 빼앗아 버리는 부당한 현실에 대해 이야기했다. 이제 갓 글을 깨쳤고 노예로 지낸 삶 말고는 체험한 게 거의 없다는 사실을 생각하면, 이크발은 놀라울 정도로 조리가 분명했다. 보기 드문 연설가 재능을 타고난 아이였다.

이즈음에 이크발 앞으로 협박 편지 몇 장이 도착했다. 심지어 살해하겠다는 협박도 이어졌다. 그럼에도 이크발은 친구들에게 그런 협박을 받으면 오히려 자신이 더 열심히 활동해야겠다는 의욕과 힘이 솟구친다고 말했다. 나중에 어떤 어른이 자신을 실제로 해치게 되리라는 걸 이크발은 상상도 하지 못했다.

아이들의 손에는 펜이 쥐어져야 합니다

어린이 노예노동에 맞서 싸우는 이크발의 발길은 파키스탄 국경 밖으로도 향했다.

1994년 11월, 이제는 아버지나 다름없는 칸을 따라 이크발은 세계노동기구ILO 총회에 참석했다. 그 자리에서 이크발은 노예노동자로 살아온 삶을 감동적으로 이야기했다. 남는 시간에는 스웨덴에 있는 여러 학교를 찾아가 또래 아이들과 만남을 가졌다.

그해 12월에는 리복 인권 재단에서 새로 마련한 '리복 행동하는 청년상Reebok Youth in Action Award' 첫 수상자가 되어 미국을 방문했다. 실제로 그 상은 이크발 때문에 만들어진 상이었다. 인권을 위한 투쟁에서 중요한 공헌을 한 서른 살 이하 젊은 남녀에게 주어지는 '리복 인권상'을 해마다 시상해 온 리복 인권 재단은 1994년에 이크발을 수상자로 선정했다. 역대 수상자들은 주로 오랫동안 활동해 온 젊은이들이었고, 이크발이 이전 수상자들에 비해 많이 어렸기 때문에, 재단은 세상에 변화를 가져오기 위해 활동하고 있는 어린 활동가들을 위한 새로운 상을 만들게 되었다.

미국에 온 이크발을 만난 인권 재단 간부들은 무척 놀랐다. 이크발이 몸집이 매우 작아서 여섯 살 정도로밖에 보이지 않았던 것이다. 곧바로 이크발을 보스턴에서 유명하다는 아동병원으로 데려가 정밀 진단을 받게 했다. 결과는 '심리적왜소발육증'이었다. 그의 작은 체구가 유전적 요인이 아니라 환경 때문이라는 말이었다. 영양 결핍에다 어려서부터 통풍이 되지 않는 방에서 양탄자 직기 위에 등을 구부리고 앉은 채 오랫동안 지내온 탓에 성장이 지연됐고, 등이 구부러

지고 폐가 쇠약해졌던 것이다. 다행히 성장판은 아직 열려 있어서 더 자랄 수는 있다고 했다.

　미국에서 보낸 일주일 동안, 이크발은 인터뷰와 강연과 방문 행사를 가졌다. 그중 넷째 날 일정이 브로드메도우 중학교 방문이었다. 매사추세츠 주 보스턴 교외에 있는 도시 퀸시에 저소득층이 주로 다니는 공립학교였다.

　이크발과 브로드메도우 중학교 아이들은 여러 질문을 주고받으면서 서로 무척 놀라워했다. 특히, 이크발은 더 놀라워했다. 아이들이 미국이나 영국 같은 잘사는 나라들이 과거에 저지른 실수들을 파키스탄과 같은 개발도상국들이 지금 똑같이 저지르고 있다는 사실을 이미 잘 알고 있었기 때문이었다. 이크발의 방문에 앞서 미리 공부를 해 둔 것이다.

　에이미 파파일이라는 학생이 말했다.

　"내가 파키스탄 수상이신 부토 여사한테 편지를 썼어. 그분은 여성이잖아. 사람들이 보통 여성들의 말을 귀담아 듣지 않기 때문에 남들이 귀 기울여 들어 주지 않는다는 게 어떤 건지 그분은 잘 이해할 거라고 생각했거든."

　로버트 딜크스라는 학생은 이렇게 말했다.

　"어제 엄마랑 양탄자를 사러 갔어. 어린이 노예노동으로 파키스탄에서 만들어진 양탄자인지 아닌지를 확인해야 한다고 엄마한테 말씀드렸어. 무슨 뜻이냐기에 '내일 학교에서 네 살 때 양탄자 공장에 노예노동자로 팔려 간 파키스탄 아이를 만날 거야.'라고 말했더니 엄마가 깜짝 놀라셨어. 사실은 나도 놀랐으니까."

이크발과 헤어지면서 아이들은 노예노동자들이 자유를 찾는 일에 함께하겠다고 약속했다.

리복 인권 재단 시상식이 있던 날 아침, 행사가 시작되기 직전에 브로드메도우 중학교 학생 두 명이 이크발에게 선물을 전하겠다며 찾아왔다. 이크발과 만나고 나서, 그 학교 아이들은 마을을 돌아다니며 주민들로부터 어린이 노예노동에 항의하는 편지 656통을 받았다고 했다. 편지들은 파키스탄의 베나지르 부토 수상, 미국의 빌 클린턴 대통령, 에드워드 케네디와 존 케리 상원의원, 유엔 그리고 그 지역의 55개 양탄자 판매점에 보내질 것이었다. 아이들은 그걸 이크발이 먼저 보기를 원했던 것이다.

이크발은 눈물이 날 만큼 감격스러웠다. 자신이 지금 변화를 일으키고 있음을 실감하게 해 주는 일이 눈앞에서 벌어지고 있었기 때문이다. 감격을 안고 연단에 오른 이크발은 어린이노동으로 만들어진 양탄자를 구매하고 있는 미국인들에게 호소했다.

"어린이들이 노예노동자로 착취당하는 현실을 여러분이 멈추어 주세요. 어린이들이 손에 들어야 하는 건 노동에 필요한 도구가 아니라 펜입니다."

때 이른 죽음

이크발은 미국 방문을 포함해 국제적으로 활동하게 되면서 훨씬 더 큰 자신감을 느꼈다. 하지만 살해하겠다는 협박 편지들은 더 빈번해졌다. 이크발이 노예노동에 묶인 아이들에게 자유를 찾아 주는 일에 더욱더 열성적으로 매진하게 되면서, 이크발이 운동을 벌인 지역에서는 양탄자 공장 수십 개가 문을 닫았다.

부활절 휴일을 맞아 이크발은 고향에 있는 가족들을 찾았다. 1995년 4월 16일이었다.

이크발은 저녁에 아마나트 삼촌을 만나러 집을 나섰다. 매일 하던 대로 삼촌은 논에서 물을 주고 있었기에, 삼촌에게 저녁 식사를 가져다주러 가는 사촌 둘과 함께 자전거 한 대에 올라탔다. 저녁 8시였고, 어두웠다. 논으로 이어지는 길은 인적이 끊긴 평평한 흙길이었다. 그날 저녁에도 그곳은 적막

했고, 지나는 사람이 전혀 없었다.

목적지까지 절반을 남겨 놓은 지점에서 총성이 두 번 울렸다. 이크발은 그 자리에서 목숨을 잃었고, 사촌 한 명이 팔에 총상을 입었다.

다음 날, 이크발은 집 근처 공동묘지에 묻혔다. 장례식이 끝난 후, 주로 어린이들로 이루어진 3천 명이 넘는 시위대가 라호르 시내 거리를 행진했다.

칸은 곧바로 기자회견을 열었다.

"이크발에게는 적이 단 하나 있었습니다. 그건 명백합니다. 바로 양탄자 마피아입니다."

칸은 유럽으로 가서 다른 활동가들과 함께 유엔 인권위원회가 어린이들이 만든 모든 제품, 특히 양탄자 수입과 판매를 금지하라고 촉구했다.

"수입업자와 소비자들에게 호소합니다. 어린이들이 만든 양탄자를 거부하여 주십시오. 이것이 이크발이 남긴 마지막 메시지입니다. 만약 지구상 어딘가에서 계속해서 그런 제품들을 산다면, 그것은 이크발이 흘린 피와 이크발에 대한 기억을 모독하는 일이 될 것입니다."

그러나 경찰은 칸이 주장하는 것과 다른 조사 결과를 내놓았다.

'이크발 마시에게는 적이 존재하지 않았다. 그는 양탄자 마피아의 공격 대상이 아니었다.'

가난한 농장 일꾼 아슈라프 히어로가 살인 혐의로 체포되었다. 살인자가 충동적인 폭력을 저질렀다는 게 정부가 내놓은 공식적인 조사 결과였다.

무려 4년 반 동안, 아슈라프 히어로는 이크발을 살해한 범인으로 전 세계에 알려졌다. 파키스탄 주재 외국 대사관, 외국 원조기관, 신문, 텔레비전 뉴스까지 다들 그렇게 말했다. 그러나 1999년 9월 1일, 스웨덴에서 방영된 '노예 소년의 죽음'이라는 다큐멘터리 프로그램을 통해 이크발 살인 사건에 관한 진실이 밝혀졌다.

그날 소년들은 논으로 나가는 길이었다. 파리야드 마시가 페달을 밟고, 리야카트가 맨 뒤에, 이크발이 맨 앞에 앉았다.

"도둑을 만날지 모르니까 버스비를 양말 안에 넣어 둬."

이크발이 그렇게 말하고 난 직후, 안면이 있는 사람이 말을 걸어왔다.

"너희들이 누구더라?"

"저예요, 리야카트요. 얘들은 파리야드와 우리 집에 놀러 온 이크발이고요."

"파리야드야, 좀 비키거라. 난 네 손님을 쏘아야겠구나."

첫 번째 총성이 울리자, 이크발은 자전거에서 펄쩍 뛰어내렸다. 멀리 달아나려 했으나 살인자가 발사한 두 번째 총알에 맞고 쓰러졌다. 살인자는 총을 손에 든 채 꽁지머리를 흔들며 달아나 버렸다.

이크발을 쏜 사람은 알리 후세인이었다. 범인으로 잘못 지목된 아슈라프 히어로를 농장 일꾼으로 두 달 전에 고용했던 형제 중 한 사람이었다. 살인 사건이 있기 몇 달 전, 양탄자 공장주 몇 사람이 알리와 자키 후세인 형제를 찾아갔다. 그들은 둘 다 사람을 죽인 경험이 많았다. 이크발의 사체를 실은 손수레가 경찰서에 도착한 아침 4시 반에는 이미 양탄자 공장주들과 자키 후세인이 경찰과 만나 살인에 관한 허위 기록을 작성한 후였다.

그 후 경찰은 아슈라프 히어로를 잡아 와 천장에 거꾸로 매달고 몽둥이와 가죽 혁대로 때리며 고문했다.

"어서 이크발을 살해했다고 실토하고, 우리가 말해 주는 대로 자백해. 그렇지 않으면 너와 네 가족을 몽땅 죽여 버릴 테니까."

경찰의 협박이 이어졌다.

"넌 가난하고 아무 짝에도 쓸모없는 놈이야. 네게 어떤 짓을 하건 아무도 상관하지 않아."

이크발의 가족과 사촌형제들, 친척들에게도 무시무시한 협박이 가해졌음은 물론이다. 그렇게 해서 경찰과 양탄자 마피아, 살인자들이 공모한 이크발 살인 사건에 대한 진실은 수년간 어둠 속에 묻힐 수밖에 없었다.

이크발이 남긴 유산

2000년 세계 어린이상The World's Children's Prize이 제정되었다. 그 최초 수상자로 5년 전 세상을 떠난 고故 이크발 마시가 선정되었다. 그래서 그 상은 '아동 권리를 위한 이크발 마시상'으로도 불린다. 해마다 이크발 마시를 아픈 기억과 함께 떠올릴 수밖에 없는 현실은 우리가 어떤 세상에서 살아가고 있는지 돌아보게 해 준다. 씩씩하게 살고 싶었던 이크발은 그토록 하고 싶었던 일을 세상에 남겨 둔 채로 떠났지만, 그 자리를 채우는 어린이 활동가들이 있다. 그리고 어린이 권리를 위해 실천하는 활동가들이 해마다 세계 어린이상 시상대에 오른다. 그들에게서 '리복 행동하는 청년상' 시상식장에서 들려준 이크발의 정신은 여전히 살아 숨 쉬고 있다.

우리는 자유다

나는 이크발 마시입니다.

파키스탄에는 노예노동과 아동노동 때문에 고통스럽게 살아가는 수많은 아이가 있습니다. 나는 그들 가운데 한 명입니다. 하지만 나는 행운아입니다. BLLF의 노력 덕택에 자유를 찾았고, 오늘 이 자리에서 여러분 앞에 이렇게 서 있게 되었으니까요.

나는 자유를 찾은 후, BLLF 학교에 들어갔습니다. 지금 그 학교에서 공부하고 있습니다. 우리들, 노예노동을 하는 어린이들에게, 에샨 울라 칸과 BLLF는 미국에서 노예들을 해방했던 에이브러햄 링컨과 같은 일을 해 주었습니다. 오늘, 여러분이 자유인이듯 나 역시 자유인입니다.

하지만 안타깝게도, 내가 일했던 양탄자 공장주들은 자신들에게 어린이들을 노예로 삼게 하는 장본인은 미국인들이라고 말합니다. 미국인들이 우리가 만드는 값싼 양탄자와 수건들을 좋아하기 때문에 당연히 노예노동이 계속되기를 바란다는 거지요. 나는 호소합니다. 어린이들이 노예노동자로 착취당하는 현실을 여러분이 멈추게 해 주세요. 어린이들이 손에 들어야 하는 건 노동에 필요한 도구들이 아니라 펜이니까요.

아이들은 이런 도구들을 가지고 일을 합니다. (이크발이 양탄자 만드는 도구를 집어 올리며 말했다.) 만약 일이 잘못되면, 아이들은 이것으로 두들겨 맞기도 합니다. 그리고 작업을 하다가 다쳐도 아이들을 병원으로 데려가는 일은 없습니다. 아이들에게는 이런 도구들이 필요한 게 아닙니다. (이크발이 펜을 집어 들며 말했다.) 아이들에게는 바로 이런 도구, 미국 어린이들이 들고 있는 것과 같은 펜이 필요합니다.

안타깝게도, 지금 이 순간에도 수많은 어린이가 손에 들고 있는 건 펜이 아닙니다. BLLF가 우리를 도와줬듯이, 여러분이 BLLF를 도와주시기 바랍니다. 여러분이 BLLF를 도와줌으로써 수많은 아이를 도울 수 있고, 그들에게 바로 이 도구, 펜을 가져다주게 될 것입니다.

나는 내가 기억하고 있는 경험들, 욕설을 듣고 거꾸로 매달리고 혹사당한 것을 비롯해 내가 어떻게 학대받았고, 다른 아이들이 지금도 그곳에서 어떻게 학대받고 있는지 여러분과 공유하고 싶습니다. 내 기억 속에는 아직도 그 시절이 생생하게 살아 있습니다.

미국에 있는 쇼핑몰에서 파키스탄제 양탄자들을 보았습니다. 나는 빚 때문에 노예가 된 아이들 손으로 그 양탄자들이 만들어졌다는 사실을 알기에 몹시 슬퍼졌습니다. 가슴이 너무 아팠습니다. 클린턴 대통령에게 요구합니다. 어린이노동을 이용하여 제품을 만들어 수출하는 나라에 경제제재를 취해 주세요. 여전히 어린이들을 노예노동자로 사용하는 나라에 지원을 늘리지 말아 주세요. 아이들이 펜을 들게 해 주세요.

그리고 그러한 방침에 공헌하는 리복 회사의 노력에 진심으로 감사드립니다. 내게 이 상을 주신 것에 감사합니다. 고맙습니다.

자유를 찾은 어린이들이 공부하는 학교에 다니는 우리에게는 슬로건이 있습니다. 우리들은 모두 함께 "우리는 자유다!"라고 말합니다. 오늘 이 자리에서 그 슬로건을 소리 높여 외치는 내게 여러분이 동참해 주시기 바랍니다. 내가 "우리는!"이라고 외치면, 여러분은 "자유다!"라고 해 주세요.

"우리는!"

"자유다!"

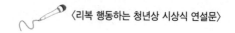 〈리복 행동하는 청년상 시상식 연설문〉

조금 더 알고 싶어요

어린이노동

어린이들은 어떠한 것에도 방해받지 않고 학교에 다니거나 놀이와 휴식을 취하면서, 발달이 장려되는 이로운 활동에서부터 해롭거나 혹은 부당하게 착취당하는 일에 이르기까지 굉장히 다른 여러 환경에서 갖가지 활동을 하며 살아갑니다. 어린이노동은 학교 수업을 받을 수 없거나 어린이의 육체적, 정신적 건강에 위험한 일을 가리킵니다. 최악의 경우 어린이들이 매춘을 하거나 이크발처럼 부모가 진 빚을 갚기 위해 사실상 노예로 활용되기도 합니다.

전 세계에서 어린이노동자 수는 아시아가 전체의 61퍼센트, 아프리카가 32퍼센트를 차지합니다. 그리고 아프리카는 전체 어린이 중 41퍼센트가 노동하는 것으로, 아시아는 21퍼센트가 노동하는 것으로 나타났습니다.

수많은 어린이가 파키스탄에서 양탄자와 축구공을 만들고, 인도와 파키스탄에서 낙타 조수로 일하고, 시에라리온의 다이아몬드 광산에서 일하고, 서아프리카 지역에서 코코아를 재배하고, 캄보디아에서 성 노예로 일하고, 가나에서 고기잡이를 하고, 페루의 금광에서 일하는 등 지금도 세계 곳곳에서 강제 노동의 희생자가 되고 있습니다.

어린이노동 금지의 역사

어린이노동 금지에 초점을 맞춰 활동하는 유엔 기구로는, 유니세프와 국제노동기구가 있습니다. 또, 어린이노동을 금지하고 정부들이 취해야 할 구체적 방침들을 정한 국제 협약들도 있습니다. 이를 기준으로 어떤 나라가 협정을 비준하면, 유엔 기구들은 그 나라들이 협약을 제대로 수행하는지 감시하고 위반에 대한 책임을 묻게 됩니다.

1919년 : 국제노동기구가 창설된 지 몇 달 후, 어린이노동에 관한 최저 연령 규정이 채택되어, 산업 시설에서 14세 미만 어린이노동을 금지함.

1930년 : 인신매매의 희생자, 이크발같이 노예 신세가 된 어린이, 매춘이나 포르노와 같은 강제 노동에 시달리는 어린이를 보호하는 국제노동기구 '강제노동금지협약'이 채택됨.

1966년 : 노예제와 강제 노동 문제를 강조한 '시민·정치적 권리에 관한 국제 협약'이 경제적 착취와 위험한 노동에서 젊은이들을 보호할 것을 요구한 '경제·사회·문화적 권리에 관한 국제 협약'과 함께 유엔총회에서 채택됨.

1973년 : 국제노동기구 핵심 문서로서 최저 연령에 관한 국제노동기구 협약 제138호가 채택되어, 15세 혹은 의무교육을 마치는 나이까지 어린이노동을 금지함.

1989년 : 경제적 착취와 위험한 노동에서 보호받아야 할 어린이가 가지는 권리를 명기하고, 15세 미만 모든 어린이가 군대에 동원되는 것을 금지한 '아동권리협약'이 유엔에서 채택됨.

1999년 : 국제노동기구가 '아동노동 금지와 근절을 위한 즉각적 조치에 관한 협약'인 국제노동기구 협약 제182호를 만장일치로 채택함.

어린이노동을 뿌리 뽑기 위해

법을 만드는 것은 어린이노동 금지를 위한 아주 기본적인 노력입니다.

그동안 어린이노동을 뿌리 뽑기 위해 여러 국제 협약들이 만들어지고 많은 노력을 기울인 것은 사실이지만, 문제는 여전합니다. 결국, 집행되지 않으면 법은 아무 소용이 없는 것이지요. 특히, 나라마다 어린이노동을 금지하는 구체적 조치들이 취해져야 합니다. 상당수 어른들이 어린이노동으로 자기네 이익을 챙길 뿐 아니라 그로 인한 처벌이 가벼운 수준으로 끝날 거라 여깁니다. 따라서 어린이를 강제로 노동에 동원하면 반드시 처벌을 받게 된다는 관행을 만드는 것이 중요합니다.

현재 전 세계에 존재하는 어린이노동, 그 현상을 들여다보면 밑바닥에는 가난이 깔려 있습니다. 여러 가지 원인이 어린이들을 위험한 노동으로 몰아넣고 있지만, 어린이들이 노예처럼 팔려 나가 강제 노동을 해야 하는 환경의 배후에는 바로 가난이 놓여 있는 것입니다.

따라서 국제노동기구는 어린이노동 문제를 해결하기 위한 다섯 가지 최소 기준을 제시하고 있습니다.

- 각 나라마다 전국적 차원에서 실행 계획을 세워야 한다.
- 어린이노동 실태를 나라별, 지역별, 세계적 차원에서 조사해야 한다.
- 빈곤 문제를 비롯하여 어린이노동을 유지시키는 제반 환경에 대한 사회적 인식 수준을 높인다.
- 어린이노동 근절을 위해 정부와 비정부기구들이 함께 힘을 모아야 한다.
- 정부는 정책과 제도를 정비하고 어린이노동 금지 조치가 실행되도록 감시 체계를 강화해야 한다.

눈물이, 공포가,
울음소리가 없는 때가 오기를!

이매뉴얼 잘

구아GUd!

청중이 온몸을 흔들어 춤추며 펄쩍펄쩍 뛰고 있었다. 그들
은 이매뉴얼 잘이 부르는 랩을 한 소절 한 소절 그대로 빨아
들였다. 사람들의 함성 그리고 번쩍이는 카메라 불빛.

열광하는 청중을 응시하던 잘은 눈앞에 과거 끔찍한 기억
들이 스쳐 가는 것을 보았다. 깊이 심호흡을 해 보았지만, 잘
은 노래를 부르면서도 가슴속에서 뭔가 폭발이 일어나고 있
음을 느꼈다. 머릿속에 여전히 생생한 영상들이 파도처럼 쏟
아졌다.

불타는 마을들, 전투를 피해 달아나는 누나와 동생들, 폐
허가 된 마을에 아무렇게나 흩어져 있던 아이들의 까맣게

탄 뼈들, 머리 위를 나는 정부군 폭격기들의 그림자.

'제발 이 전쟁이 끝나기를······.'

잘은 간절히 빌었다. 간절한 마음으로, 온 세계가 이 노래에 귀 기울여 주길 빌었다.

내 나라 수단에 평화가 찾아온다면, 난 정말 행복할 거예요

동포들이 수단에 되돌아올 때, 내 가슴은 기쁨으로 벅차오를 거예요

오, 잠깐, 잠깐만 생각해 봐요

어떨지 생각해 봐요

만약 수단에 평화가 찾아온다면 어떨지 말이에요

노래하며 기뻐하리

두 손을 높이 올려 찬양하리

사람들이 땅에 씨앗을 뿌리고

우리 땅에서 자유로워지는 때가 오면

누이가 단 한 명도 강제로 결혼하지 않고

소를 단 한 마리도 강제로 빼앗기지 않고

다시는 단 한 사람도 굶어죽지 않는 나라

그 무엇에 비길까

눈물이, 공포가, 울음소리가 없는 때가 오기를!_이매뉴얼 잘 **99**

사람들이 서로를 이해하게 되는 날

내 나라 수단에 평화가 찾아오는 그날을

그날이 오기를 간절히 원해요

더 이상 눈물이, 더 이상 공포가, 더 이상 울음소리가 없는 때가 오기를

내 조국에 부족주의도, 족벌주의도, 인종주의도 없어지는 때를

무지무지 간절히 원해요. 아름다운 사람들이 고향으로 돌아오는 때를

우리가 우리 나라를 다시 일으켜 세우리

온 세계가 우리를 존중하게 하리

모두 하나 되어, 한마음으로, 한 덩어리가 되어

우리는 하나이니까

노래를 마치고 무대 위에 꼼짝 않고 선 잘. 그는 눈시울이
뜨거워지는 것을 느꼈다. 청중 또한 두 팔을 들어 흔들며 눈
물을 흘리고 있었다. 잘은 흘러내리는 눈물을 닦아 보려 손
을 뺨으로 가져갔다. 그러나 너무 오래 갇혀 있던 눈물은 도
무지 그치려 하지 않았다.

그는 가만히 청중을 바라보았다. 이제 자신이 누구인지,
왜 이곳에 있는지 말해야 할 것 같았다. 더 이상 자신을 숨
길 수는 없었다. 이제 가슴에 품은 이야기를 들려줘야 한다.

"수단에서 전쟁은 오래전에 시작되었습니다. 나는 그 전쟁에 휩쓸려 들어간 수많은 아이 가운데 한 명입니다."

청중은 숨을 죽이고 눈을 반짝이며 귀를 쫑긋 세웠다. 잘은 자신이 살아온 날들에 대해 이야기하기 시작했다.

전쟁이 다가오다

잘에게도 비록 짧지만 행복했던 기억이 있다. 온 가족이 함께 수단 북부에서 살던 시절이다.

사이먼 조크와 그의 아내 안젤리나는 고향인 남수단 톤즈를 떠나 북부로 이사했다. 아들 잘을 낳은 직후였다. 사이먼은 경찰이었다. 그래서 자주 이사를 다닐 수밖에 없었는데, 그때도 그랬다. 그들이 새로 정착한 곳 주민들은 여느 북부 도시들처럼 수도 하르툼에 있는 무슬림 정부를 지지했다.

간호사였던 안젤리나는 기독교 신자였고, 커피콩 색깔 피부에 뺨에 보조개가 팬 아름다운 여인이었다. 잘이 기억하는 당시 살던 벽돌집 밖에는 항상 경호원들이 서 있었고, 늘 랜드로버 한 대가 주차되어 있었다. 잘에게는 아빠가 출근할 때마다 아빠와 똑같은 제복을 차려입고 경례하는 것이 그 시절 가장 즐거운 일과였다.

그러나 잘이 자라나면서, 엄마와 아빠는 얼굴에 점점 그늘이 드리워 갔다. 테라스에 앉아 함께 술을 마시던 친구들이 하나둘씩 체포되면서 아빠는 혼자서 술을 마셨고, 그 횟수와 양이 점점 늘어 갔다. 곧이어 마을에 난민들이 도착하기 시작했다. 이제 잘의 집에도 한 번도 본 적 없던 이모와 삼촌들로 북적거렸다. 그러한 변화에 아랑곳 하지 않던 잘은 니아가이 이모가 체포되어 경찰에게 두들겨 맞은 일이 있은 후로 무척 두려워했다. 엄마는 이제 거의 매일 장례식에 가다시피 했고, 집에 있을 때도 더 이상 눈물을 감추려 하지 않았다.

어느 날 아침, 잘이 눈을 떠 보니 아빠가 보이지 않았다. 잘은 울면서 엄마에게 매달렸다.

"엄마, 아빠도 죽은 게 틀림없어, 그렇지?"

"아니야, 잘. 그렇지 않아. 아빠는 잠시 출장을 가신 것뿐이란다."

그로부터 며칠 후 어둠을 틈타 옷가지와 이불만 서둘러 챙긴 잘의 가족은 이웃 투쿨*에 몸을 숨겼다. 투쿨은 흙바닥

---

* 진흙과 풀로 지은 수단 전통 가옥.

에 전기도 없어 파라핀 램프로 불을 밝혔다. 경찰이 근처 투쿨을 기습하는 밤이면 안젤리나는 놀란 아이들이 소리를 지르지 않도록 꼭 껴안아 주었다.

그 무렵 잘의 외삼촌 존이 찾아왔다.

"남부로 가자. 안전하고 아름다운 곳이야. 코끼리도 볼 수 있고 우유도 맘껏 마실 수 있어. 그리고 초목이 우거져 있어 나무에는 열매가 잔뜩 열리고 강에는 물고기들이 얼마나 많은지 몰라."

외할머니가 살고 계신 반티우 남쪽 마을로 가자는 말에, 잘은 신이 났다. 사자와 초록이 만연한 풀밭을 볼 수 있는 시골로 간다는 생각에 들뜨기도 했지만, 가장 중요한 건 아빠를 볼 수 있다는 말 때문이었다.

잘이 기억하는 그 전쟁은 1983년 수단에 발발한 새로운 내전이었다. 그동안 아프리카 대륙에서 가장 큰 나라인 수단은 북부와 남부 사이, 이슬람을 믿는 사람들과 기독교를 믿는 사람들 사이, 그리고 수단 땅에 사는 수많은 부족 사이에서 분쟁이 끊이지 않았지만, 1983년에 발발한 새로운 내전은 여러 부족이 힘을 합쳐 무슬림 정부에 맞선 것이었다. 그렇게 모인 반군 집단을 '수단인민해방군SPLA'이라 불렀다.

달려, 발이 뒤통수에 달도록!

잘의 외갓집이 있는 반티우는 무슬림 정부군 지배 아래
있었지만, 마을 밖은 수단인민해방군에 장악되어 있었다.

잘의 가족이 도착했을 때, 마을은 존이 말한 대로 안전하
고 평화로웠다. 아이들은 마을 옆을 흐르는 맑은 강에 뛰어
들어 헤엄을 치거나 물고기를 잡고, 나무에 올라 맘껏 열매
를 따 먹었다.

하지만 곧 마을 밖 멀리서 '타다다다, 쾅, 우르르르!' 하며
전쟁을 알리는 소리가 들려오기 시작했다.

그리고 마침내 잘이 투쿨 밖에 서 있을 때, 쾅! 하고 폭발
음이 울렸다. 놀란 닭들이 꽥꽥거리고, 개들이 울부짖고, 원
숭이들이 줄을 끊고 달아나기 시작했다. 엄마들이 아이들의
손을 잡고 잘을 지나쳐 내달렸다. 투쿨들이 불타오르면서 불
꽃이 하늘로 치솟았다.

"잘!"

투쿨 안에서 엄마가 팔목을 잽싸게 당겼을 때에 잘은 정
신이 들었다. 누나 니아카우스와 여동생 니아루아치가 엄청
놀랐는지 울음을 터뜨렸다. 그러나 살기 위해 모두 바닥에
바짝 엎드려 입을 다물었다. 그렇게 사흘 정도 지났을까? 며

칠 뒤 잠잠해졌을 거라 생각하고 투쿨 밖으로 나가 보았지만, 수단인민해방군은 계속 공격해 오고 있었다.

전쟁은 잘의 가족에게 직접적인 위협이 되었다. 잘의 아버지 사이먼이 경찰을 그만두고 사라졌다는 사실이 알려져, 군인들이 찾아와 잘의 엄마와 할머니를 마구 구타했다.

잘의 가족은 하는 수 없이 다시 짐을 쌌다. 마을을 벗어나기 위해 '죽음의 길' 위에 섰을 때, 들리는 소리라고는 독수리들이 날개를 파닥이는 소리뿐이었다. 독수리들이 덮칠듯 날아들자, 잘은 누나의 손을 꼭 부여잡았다. 마을 반대편으로 가로지르는 지름길이어서 탈출로로는 그만이었지만, '죽음의 길'은 허투루 붙은 이름이 아니었다. 길 위에는 정부군과 수단인민해방군 양쪽에서 쏘아 대는 십자포화 속에 쓰러진 남녀노소의 해골들, 심지어 소가 죽어 뼈까지 하얗게 바랜 채 나뒹굴고 있었다.

그러나 무엇보다 끔찍한 건 냄새였다. 썩어 갈색이 된 시체에서 악취를 풍기고 있었다. 진수성찬을 방해받은 독수리들의 신경질적인 날갯짓 소리가 대기를 가득 채우더니, 새들이 날아오른 자리에 한 여인의 몸뚱이가 드러났다. 눈이 있었을 자리에 시커먼 구멍만 두 개 나 있는 채로.

죽음의 공포에서 간신히 벗어나 찾아든 숲 속 작은 마을에서 북소리가 둥둥 울렸다. 수단인민해방군 지휘관 사이먼 조크의 가족을 맞이하는 의식이었다. 사이먼은 에티오피아에서 훈련을 마치고 돌아와 사이먼 소령이 되어 있었다.

"정말 기쁘다. 너희들이 아빠가 자주 찾을 수 있는 가까운 곳으로 오게 되어서 말이야."

사이먼이 잘을 번쩍 안아 올려 목마를 태웠다.

"내 아들이 몰라보게 컸구나."

하지만 사이먼은 곧 전장으로 떠났다. 울음을 터뜨리는 아들 잘에게 단호한 목소리로 남자가 되어야 한다는 말을 남기고.

다시 순조로운 생활이 시작되었다. 아이들은 숲 속에 숨어 타조와 물소들을 지켜보고, 소똥으로 만든 재와 막대를 사용해 이를 닦는 법을 배우고, 루오 나무 수피를 이용해 머리를 물들였다.

잘이 그곳에서 사귄 친구 비엘과 물고기를 잡아 돌아오던 날이었다. 커다란 굉음에 놀란 두 아이가 비탈을 뛰어올라 내려다보니, 마을이 연기와 불로 뒤덮이고 사람들이 놀란 닭들처럼 사방으로 달아나는 광경이 눈앞에 펼쳐졌다. 정부군이 공격해 온 것이다.

숨이 턱에 닿도록 언덕을 달려 내려간 두 아이는 수단인민해방군 병사 시체 앞에서 멈춰 섰다. 그리고 얼른 풀숲에 몸을 숨겼다. 키 큰 풀들 사이로 총을 겨눈 군인들이 마을 사람 스무 명가량을 흙집으로 몰아넣고 있는 게 보였다. 그러고선 볏짚 지붕으로 가솔린 통이 날아갔고 순식간에 불길이 확 일었다. 순간 비엘이 벌떡 일어나 불꽃을 향해 내달렸다. 잘은 몸을 돌려 거꾸로 사바나-초원-를 향해 달리기 시작했다. 잘이 풀숲 속으로 깊이, 더 깊이 들어가면서 심장이 입 밖으로 튀어나올 것 같다고 느낀 순간, 누군가 목덜미를 잡아챘다. 쓰러져 비명을 지르는 잘을 한 남자가 내려다보며 숨죽인 목소리로 말했다.

"움직이지 마. 우리랑 이대로 숨어 있어야 해."

마을에서 도망쳐 나온 사람들이었다. 잠시 후, 그 남자가 잘을 일으켜 세웠다. 잘은 그들을 따라 풀숲을 헤치고 강가에 닿은 다음 강 건너 마을로 들어갔다. 나중에 자신을 찾으러 엄마가 올 때까지 그곳에 있었다.

마을이 완전히 불타 잘의 가족은 돌아갈 곳이 없었다. 새들이 둥지를 찾아가듯 조상들이 살아온 곳으로 돌아가 삶을 일으켜 세우는 여느 남부 사람들과 달리, 잘의 가족에게는 돌아갈 곳이 없었다. 그래서 마을이 공격받을 때마다 다른 마을로 달아나면서, 남부 곳곳을 옮겨 다녀야 했다.

잘은 곧 전쟁에 익숙해져 갔다. 큰 폭탄인지, 아니면 수류탄인지 소리로 구분했고, 대전차포 쏘는 소리도 분간할 수 있었다. 수단인민해방군이 휴대하는 AK-47, 민병대가 쓰는 Mack4, 정부군의 G3, 각기 다른 총들의 차이는 물론이고, 발이 뒤통수에 닿도록 달리는 법도 터득했다.

엄마를 빼앗기다

또다시 전쟁이 덮쳤다. 총알 튀는 소리, 헬기들이 투투투투 머리 위로 낮게 나는 소리에 잘은 눈을 번쩍 떴다. 식구들이 모두 벌떡 일어섰다. 큰 소리에 놀란 막내 미리가 울음을 터뜨렸다. 투쿨 밖으로 달려 나가니 햇빛이 눈부셨다. 잘은 심장이 쿵쾅거리고 다리가 후들거렸다. 이번에도 빨리 뛸 수 있을까?

모두 뛰기 시작했다. 주위 모든 것이 비명을 지르고 있었다. 마을은 온통 흙먼지, 연기, 불타는 냄새로 뒤덮였다.

"잠깐!"

안젤리나가 투쿨로 몸을 되돌리며 외쳤다. 전쟁 중에 늘 갖고 다니는 의약품 상자를 놓고 온 것이었다.

"가지 마, 언니. 시간이 없어."

안젤리나는 잠시 멈칫했지만 그대로 투쿨을 향해 뛰며 소리쳤다.

"강으로 달려!"

"자, 빨리."

니아가이 이모가 재촉하는 소리에 아이들은 마을 밖 숲을 향해 뛰었다. 잘은 꽉 잡은 이모 손 말고는 아무런 감각이 없었다. 가시들이 다리를 깊게 찌르고 들었지만, 공포 때문에 아픔도 느끼지 못했다.

'달리고 또 달려. 계속 가는 거야. 절대 멈추지 마.'

세상이 마침내 다시 조용해졌을 때, 잘은 니아가이 이모를 놓쳤다는 걸 깨달았다. 혼자가 된 잘은 어떻게 해야 하는지 잘 알고 있었다. 곧 걷기 시작하는 난민들 대열에 합류했다. 어디로 가는지는 몰라도 어느 때처럼 마지막 멈춘 곳으로 엄마가 찾으러 올 것이고, 늘 그랬듯이 그동안 누군가가 보살펴 줄 테니까.

잘이 난민들과 함께 도착한 곳은 반티우 남쪽 마을 리어에서 걸어서 4시간 걸리는 루알이었다. 그곳에서 다시 만난 니아가이 이모, 누나, 동생들과 함께 인근 마을에 사는 또 다른 이모네로 갔다. 그리고 또 전쟁이 터져 다 함께 루알로

도망쳐 나왔다. 여전히 엄마는 나타나지 않았다.

니아가이 이모가 마을 주술사에게 물 한 그릇을 떠다 주었다. 주술사가 물을 휘휘 젓고 그 속에 막대 세 개를 넣더니 알아들을 수 없는 말을 중얼거리고서 마침내 누에르 말로 단언했다.

"너희들과 아주 가까운 사람이 죽은 게 보이는구나."

잠시 물을 응시하고 나서 다시 말했다.

"너희 엄마로구나."

잘을 제외하고 모두 울음을 터뜨렸다. 잘은 주술사가 하는 말 따위 믿지 말라고 고함을 쳤다. 며칠 사이에 친척들이 투쿨을 가득 채웠고, 소를 잡아 안젤리나의 명복을 빌었다.

몇 주가 지나고서야 잘은 혼자서 중얼거렸다.

"그래, 너무 오래된 거야. 엄마가 살아 있다면 지금쯤은 돌아오셨어야 해."

잘은 밤마다 머릿속을 꽉 채운 살인자들 위로 엄마 얼굴이 겹쳐져 아무것도 먹을 수 없었다. 한동안 먹는 걸 아예 중단했다. 이를 악물고 울음을 참았다.

가끔씩 아빠가 찾아올 때면 잘은 무척 기뻤다. 누에르족 다른 남자 어른들처럼 아빠한테도 아내가 네 명이나 더 있다는 사실을 루알에 살면서 알게 되었지만, 그것에 대해 물어보지는 못했다. 이제 일곱 살이 된 잘에게 아빠가 들려준 얘기는 늘 수단인민해방군이 전쟁을 이기고 평화가 오는 날에 관한 것이었다.

"강해야 한다. 지금 생활이 사탕과 비스킷을 먹던 도시와는 다르겠지. 하지만 지금은 전쟁 중이고, 넌 이제 다 큰 남자라는 걸 알아야 해. 불평하거나 울면 안 돼. 넌 내 병사야. 그러니까 누나와 동생들한테 진짜 남자가 어떤 건지 보여주렴."

에티오피아로 가는 길

"널 데리러 왔다."

잘이 숲에 다녀오던 날, 수단인민해방군 병사 두 명이 찾아왔다. 잘은 또래 소년들과 함께 여러 날 동안 마을을 떠나 풀이 싱싱한 곳에서 소들을 먹이고, 창으로 물고기 잡는 것도 배우며 몸이 튼튼해져 돌아온 참이라 무척 뿌듯해져 있었다.

"네 아버지가 우릴 보내셨어. 넌 이제 학교에 가게 될 거란다."

니아가이 이모가 잘의 손을 꽉 움켜잡으며 말을 잘랐다.

"아니에요. 잘은 안 갈 거예요."

"가야 합니다. 공부하고 싶지 않니?"

군인이 묻자 잘이 되물었다.

"어디로 가는데요?"

"에티오피아에 있는 학교로 가게 돼."

"에티오피아? 나도 가서 잘과 함께 공부해도 돼요?"

누나가 반색하며 물었다.

"안 돼. 이번에 가는 건 소년들만이야. 잘, 비행기 알아? 그건 학교를 다닌 사람들이 만들지."

군인이 한쪽 무릎을 땅에 닿게 구부리며 물었고, 다른 군인이 옆구리에 찬 AK-47을 툭 치며 말했다.

"이 총 보이지? 이것도 공부한 사람들이 만들어. 자동차, 비스킷, 다 공부를 해야 만들 수 있단다."

잘은 비행기를 타고 날고 싶었다. 아빠를 도와 엄마를 빼앗아 간 아랍인들을 벌 주고 싶었다.

"갈래요."

"착한 아이로구나. 내일 아침에 데리러 오마."

군인들이 돌아가자, 니아가이 이모가 슬픈 눈으로 잘을 바라봤다.

"가지 마, 잘. 넌 학교에 가는 게 아냐. 수단인민해방군이 널 팔아 총을 사려는 거야."

"그래도 가야 해, 이모. 걱정하지 마. 아빠가 나한테 나쁜 일이 생기게 할 리 없잖아."

다음 날 아침, 루알을 떠난 소년들은 우렁차게 노래하며 행진에 나섰다. 새로운 마을을 지날 때마다 학교에 가고 싶어 하는 아이들이 늘어 리어에 도착했을 때는 행렬이 끝없이 이어졌다.

"여러분에게 행운을 빌어 주기 위해 제가 이 자리에 왔습니다."

갑자기 우렁찬 목소리가 울렸다. 잘은 익숙한 목소리에 깜짝 놀랐다. 아빠였다.

"나는 지휘관 사이먼 조크입니다. 수단인민해방군이 아이들을 팔아 총을 사고 군인으로 만든다는 소문들이 있지만, 그건 사실이 아닙니다. 내 아들도 여러분과 함께 있습니다. 조금이라도 위험하다면 제 아이를 보내겠습니까? 에티오피아는 좋은 곳입니다. 여러분의 아들은 신발을 갖게 되고 교육을 받아 강해져서, 우리가 나라를 되찾았을 때 그 나라를 재건할 준비를 갖추어 돌아올 것입니다."

잘은 우쭐해져 실망시키지 않는 아들이 되겠다고 맘먹었

다. 나중에 잘은 막사에서 아빠한테서 타이어로 만든 신발을 받았는데, 아직 발이 작아 신을 수 없었다. 에티오피아에는 맨발로 가야 했다.

"넌 내 장남이야. 네가 자랑스럽다. 넌 온 가족이 우러러 보는 사람이니까 더욱 용감해져야 해."

"네."

잘은 울음이 터질 것 같아 땅바닥을 보며 대답했다.

"잘 가거라."

눈물이 쏟아지지 않도록 잘은 고개를 꼿꼿이 세우고 군중 속에 합류했다. 몇 시간을 걸어 아독 마을에 도착한 대오는 강을 따라 남쪽으로 갈 배에 올랐다. 너무 많이 태워, 몸이 으깨질 지경이었다. 깜빡 잠이 들었던 잘이 아우성에 놀라 깨어났을 때 누군가가 외쳤다.

"물이 들어온다!"

호송하던 군인들이 물속으로 뛰어내렸다. 세상이 거꾸로 뒤집힌다고 느낀 다음 순간, 잘은 물속에 있었다. 가까스로 헤엄쳐 뒤집힌 배에 닿았을 때는 사방이 고요했다.

"도와주세요."

어둠 속에서 응답하는 소리를 따라 다시 강으로 뛰어들었 다. 잘은 한참을 발버둥치다가 어떤 손에 이끌려 기슭에 닿왔고 그대로 쓰러져 버렸다. 그날 밤 군인들은 총만 잃었지만, 아이들 부지기수가 암흑 속에서 목숨을 잃었다.

해가 떠오르자 남은 대오는 아독으로 되돌아가기 위해 뗏목을 만들었다. 하지만 뗏목들이 가라앉기도 해 또다시 많은 아이가 하마와 악어 입속으로 사라졌다. 살아서 아독에 닿은 아이들은 40명에 불과했다.

사고 소식에 놀란 부모들이 소 두 마리를 내놓고 아들을 데려가는 경우도 있었지만, 무사한지 확인만 하려는 부모들이 다수였다. 그들은 음식을 가져와 먹이며 자식을 위로했다. 하지만 잘을 찾는 사람은 아무도 없었다. 둘째 날이 저물어 갈 쯤, 배고픔을 참으며 잠을 청하는 잘 앞에 군화가 와서 멈춰 섰다.

"네가 잘 조크니? 네 아빠가 보내셨어."

드디어 아빠에게 데려다 주러 군인이 왔다고 생각한 잘은 기쁨으로 몸이 떨렸다.

"너한테 전할 메시지를 가져왔어. 여행 잘 해내고 학교에 가서 군인처럼 용감해지라고 하셨어."

잘은 잠시 멍했다.

"네? 아빠는 어디 계세요? 언제 볼 수 있는데요?"

"볼 수 없어. 바쁘시거든. 난 이걸 전하러 왔을 뿐이야."

잘은 음식도 옷도 보내지 않고 무사한지 직접 와 보지도 않는 아빠가 원망스러웠다. 하지만 아빠는 나약한 아들을 싫어할 거라고 생각한 잘은 나중에 용감해져 아빠에게 그 모습을 보여 주겠다고 결심했다.

피니우드 난민 캠프, 백인들과 소년병들

행렬이 다시 배를 타기 위해 마을들을 지날 때마다, 학교에 가려는 아이들로 또다시 대오는 엄청나게 늘었다.

강을 건너고 얼마간 걸어서 도착한 곳은 에티오피아에 자리 잡은 피니우드 난민 캠프였다. 파란 글자가 적힌 텐트와 트럭들이 보였다. 잘은 엄마가 가르쳐 준 알파벳 덕분에 그 파란 글자가 유엔난민기구UNHCR라는 걸 읽을 수 있었다.

피니우드는 에티오피아 국경 너머로 달아난 40만 수단인들이 거주하는 대규모 난민 캠프 3개 중 하나였다. 피니우드의 난민 8만 명 가운데 1만 명 이상이 잃어버린 아이들Lost Boys이었다. 잘처럼 수단인민해방군을 따라온 아이들, 그리고 나머지는 전쟁을 피해 달아나던 중에 난민 캠프로 흘러든 아이들이었다.

약속했던 학교는 간 데 없고, 잘이 본 피니우드는 굶주림과 질병에 신음하는 사람들을 모아 놓은 지옥이었다. 함께 간 소년들은 밤이면 악몽에 시달려 비명을 질렀다.

곧이어 세계식량기구, 세이브더칠드런, 유니세프, 적십자, 국경없는의사회라고 적힌 텐트와 트럭들이 점점 더 많이 도착했다. 캠프를 운영하는 건 백인들이었지만, 실질적으로는 수단인민해방군이 장악한 거나 다름없었다. 반군과 전쟁을 치르고 있는 에티오피아 통치자 멩기스투 하일레 마리암이 수단인민해방군의 막강한 우호 세력이었기 때문이다.

수단인민해방군은 소년들을 천 명 단위로 나누고, 다시 부대별로 33명씩 배치했다. 부대별로 투쿨을 짓는 동안 더 많은 식량이 캠프에 도착했고, 그 사이 아이들은 백인들에게서 식량을 더 얻어 내는 법을 터득했다. 몇 개월 후에는 진짜로 학교가 열렸다. 잘은 알파벳을 알고 있어 배우는 속도가 빨랐다. 일요일에는 교회도 다녔다.

어느 날 잘은 피니우드에서 만난 친구 뉼과 함께 집합 장소로 가고 있었다. 그 길에서 군복에 군화, AK-47까지 갖춘 어린 소년들을 만났다. 캠프로 돌아온 잘은 수단인민해방군 고참들에게 그들이 누구인지 물었다.

"붉은 군대야."

어른 군인들을 '검은 군대'라 부르는 건 알았지만, '붉은 군대'는 처음 듣는 말이었다.

"붉은 군대는 전투 훈련을 받는 어린 군인들이야. 총은 나이를 차별하지 않거든."

잘과 늎의 눈이 올빼미처럼 동그래졌다.

"피를 흘리지 않고선 우리 땅을 되찾지 못해. 붉은 군대야말로 우리의 미래지."

"그런데 그 애들은 어떻게 군인이 된 거죠?"

"용감하기 때문에 선택받은 행운아들이지. 세상에 소년병보다 용감한 사람은 없어. 전투에서 도망치는 일이란 결코 없으니까."

피니우드에 온 지 2년, 아홉 살이 된 잘도 숲 속 훈련 캠프를 떠났고, 어느새 소년병이 되어 있었다. 훈련은 계속되었다. 나무에 마셰티를 박아 넣는 법, 목을 물어뜯는 법, 손가락으로 눈구멍을 파는 법을 배우며 몇 날, 몇 달이 흐르자 마음속 어린아이는 점차 군인 모양새를 갖추어 갔다.

"부상자를 데리고 갈 수 없다면 그들을 쏴 버려라. 단, 그들이 가진 총은 반드시 챙겨라."

소년들이 강가에 줄지어 섰고, 건너편에는 수단인민해방군 군인이 서서 소년들을 기다리고 있었다.

"사막을 건넌다. 식량은 버려도 총은 간직한다. 강을 건넌다. 물에 빠져도 총은 젖지 않게 한다."

물살이 강하고 깊었다. 조교의 명령이 떨어지자, 차가운 물속에서 잘은 목총을 어깨 위로 올리고 헤엄치기 시작했다. 총을 단단히 붙잡고 물살을 거슬러 강 건너편을 향해 힘껏 헤엄쳤다.

"너희들 중 총을 잃어버린 사람들이 있다. 무기도 없이 아랍인들의 G3와 대적할 건가? 손으로 총알을 막을 수 있을 것 같아? 총 가진 사람이 잃어버린 사람을 채찍으로 친다."

"너."

조교가 잘을 향해 말했다.

"저 애를 친다."

조교의 손가락이 말루알이라는 소년을 가리키고 있었다. 말루알은 빈손이었다. 잘은 온 힘을 다해 채찍을 내리쳤다. 말루알이 숨을 헐떡였다. 잘은 명령에 복종했다. 마침내 말루알이 비틀거리며 일어섰을 때, 잘은 팔에 감각이 느껴지지 않았다. 친구에게 준 고통에 희열마저 느꼈다. 소년병들에게 우정은 없었다.

에티오피아에서 퇴각, 다시 수단으로

1991년 5월. 열한 살이 된 잘이 역사책에 기록된 전투에서 싸운 날이다. 멩기스투 하일레 마리암이 반군에게 무너지자 수단인민해방군이 퇴각해야 했고, 셔츠에 반바지 차림인 잘에게도 군화와 모기장과 총이 주어졌다. 몇 시간 전에 죽은 군인을 대신해 잘이 참호에 들어갔을 때, 전투가 개시되었다. 잘이 그토록 기다렸던 전투였지만, 최초 사격과 함께 따스한 오줌이 아랫도리를 적셨다.

"악, 엄마!"

여기저기에서 총에 맞은 소년병들이 비명을 내지르는 가운데, 갑자기 수풀이 흔들리기 시작하더니 에티오피아인들이 눈앞으로 쏟아져 나왔다. 매순간 가까워지는 그들을 노려보며, 잘은 쉴 새 없이 탄창을 갈아 끼우고 방아쇠를 당겼다. 그렇게 참호 안에서 꼬박 밤을 새웠다. 동이 터 오자 잘에게 다른 명령이 떨어졌다. 다른 소년병과 둘이서 부대 지휘관의 아내 니아칼을 수단 국경 마을 포찰라로 호위하라는 임무였다.

그날 밤, 전장을 빠져나와 국경을 향하는 대열에 합류하면서 잘은 그만 두 사람을 놓치고 말았다. 하늘이 밝아 오고 수단으로 가는 강이 보였다. 학교에 가겠다며 건너왔던 바로 그 강이었다.

"에티오피아인들이에요! 온 사방이 그놈들 천지라고요."

한 소년이 큰 도로 쪽에서 달려오며 외쳤다. 사람들이 강 쪽으로 달아나기 시작했다. 하지만 잘은 남아서 싸우는 게 의무인 군인이었다. 잘은 방아쇠를 당기고 또 당겼다. 에티오피아인들이 무리 지어 언덕 위로 모습을 드러내자, 고참들이 항복하기 시작했다. 항복하기 싫었던 잘은 총알이 떨어진 총을 버렸다. 총을 들고 달아나면 공격 목표가 될 뿐, 설사 잡히더라도 총 없이 잡히는 게 나았다.

잘은 무조건 강을 향해 달렸다. 숨이 목에 차 겨우 강가에 닿았지만, 강은 총알이 비처럼 쏟아져 수면이 작은 물웅덩이들로 가득 채워지고 있었다. 곧 강물이 붉어졌다. 잘은 숲 쪽으로 방향을 바꿔 강 옆길을 따라 걸었다. 그리고 사위가 조용해졌을 때, 숨을 깊이 들이마시고 물속으로 뛰어들었다.

에티오피아 탈출에 나선 40만 난민 대열. 잘은 강을 건너다 총에 맞거나, 물에 빠지거나, 혹은 악어에 잡아먹혀 죽은 수많은 소년 가운데서 살아남아 걷고 또 걸었다. 총을 버린 잘은 처벌을 피하기 위해 잃어버린 소년들 틈에서 훈련받지 않은 아이마냥 행세했다.

눈물이, 공포가, 울음소리가 없는 때가 오기를!_이매뉴얼 잘

굶주림은 계속되었다. 하늘에는 구호품을 떨어뜨리는 비행기뿐 아니라 폭탄을 떨어뜨리는 정부군 폭격기도 떴다. 그러나 위험한 건 폭격기만이 아니었다. 사람들은 먹을 걸 찾아 숲으로 들어갔다가 지뢰가 터져 죽었다. 그런데 정작 잘이 수단인민해방군에 붙잡혔을 때는 총의 행방 같은 건 묻지도 않았다. 군인을 한 명이라도 더 확보해야 하는 시급한 상황이었기 때문이다.

그렇게 다시 합류한 수단인민해방군 대열 속에서 잘은 몇 개월을 옮겨 다니며 남수단 주바 전선에 섰다. 최전선에 선 경험으로 잘은 최악의 상황은 전투가 끝난 뒤에 온다는 사실을 깨달았다. 총소리가 멈추고 포연이 사라지고 나면, 부상병들의 비명만 남고 상처와 피에서 나는 악취가 대기를 채웠다. 비명을 지르는 부상병 대부분은 소년병들이었다. 기지로 돌아와 휴식을 취할 때마다 밤이 오면, 잘은 비명과 악취에 시달렸고, 적이 공격해 올까 봐 제대로 잠들지 못했다.

엄마, 도와주세요!

"일어나, 잘. 어서 움직여. 떠나야 해."

나직한 목소리는 같은 누에르족인 열다섯 살 램이었다. 총을 챙겨 뒤따르는 잘은 어둠 속에서 말없이 움직이는 큰 대오를 보았다. 배에 올라 잘이 물었다.

"우리 지금 어디로 가는 거지?"

"리엑 부대로 합류하려는 거야. 미리 말 못했어. 알았더라면 네가 그 입을 가만두지 않았을 테니까."

한 달간 행진을 하니 숲이 끝나고 사바나가 펼쳐졌다. 옥수수마저 바닥이 나, 사람들은 풀과 나뭇잎을 먹기 시작했다. 그런데 램이 먹는 걸 거부했다.

"난 짐승이 아니라 사람이야. 나뭇잎이 아니라 옥수수와 고기를 먹는 사람이란 말이야."

흙먼지만 이는 사바나를 몇 주째 걸은 사람들은 굶주림과 갈증으로 정신을 잃어 갔다. 누웠다 다시 일어나지 못하거나 자신이 움직일 수 없다는 걸 깨닫고 총으로 목숨을 끊는 사람들도 생겼다. 대오 뒤에 남겨지는 시체를 차지하려고 싸우는 하이에나와 독수리를 잡아먹기도 했다.

어느 날 빗방울이 떨어지더니, 그날 이후 메마른 사바나가 습지로 바뀌었다. 이제 밤이면 불을 피워 달팽이, 쥐, 개구리들을 잡아 배를 채웠다. 램은 여전히 먹지 않다가, 결국 숨을 거두었다. 그날 밤 잘은 친구 루알과 함께 죽은 램을 사바나로 옮겼다. 램의 배, 목, 다리에 로프를 묶고 수류탄을 고정 시켰다. 하이에나들이 램에게 다가가 로프를 잡아당기면 폭 발을 일으킬 것이고, 그러면 하이에나를 먹이로 얻는 것이었 다. 돌아와 침낭 속에 누워 폭발음을 들었다. 잘은 혼잣말을 하며 일어났다.

'램, 도와줘, 제발.'

그러나 하이에나들이 한 수 위였다. 그들이 배불리 먹고 떠난 자리에 사람들만 굶주린 채 남겨졌다. 자다 깬 잘의 눈 에 멀리 주술사 출신 군인이 보였다. 어둠 속에 불을 피우고 웅크려 앉은 주술사 앞에 뭔가 있었다. 불꽃 위로 들어 올린 그것을 본 잘은 고개를 돌려 버렸다. 시체였다.

얼마 지나지 않아 며칠째 나무 아래 함께 누워 있던 루알 도 숨을 거두었다. 이제 잘은 자신이 다음 차례가 될 거라는 확신이 들었다. 잘은 루알의 팔에 코를 갖다 댔다. 따뜻하고 부드러웠다. 말린 고기 냄새가 나면서 입안에 침이 돌았다.

'주술사가 했듯이 나도 할 수 있을까?'

잘은 재빨리 루알에게서 얼굴을 돌렸다.

'엄마, 어디 계세요? 엄마, 가까이 계신 건가요?'

램처럼 루알 역시 도와주지 않는다면, 잘이 죽는 건 자명 했다. 아침이 되어도 신이 구원해 주지 않는다면, 끔찍한 일을 할 수밖에 없다고 잘은 다짐했다.

'도와주세요, 엄마. 신이여, 만약 계신다면 제게 길을 보여
주세요.'

빛이 하늘에 번지고 따스한 기운이 느껴진 듯해 잘이 곁
눈질해 보니 루알이 그대로였다. 신은 응답하지 않았고, 잘
은 자신이 뭘 해야 할지 알았다. 그때 질주하는 검은 그림자
가 눈에 들어왔다. 까마귀였다. 총에 손을 뻗으며, 잘은 저
새를 잡아 영혼을 더럽히지 않고 살아남을 수 있기를 기원
했다. 그러나 손가락만 총을 거머쥐었을 뿐, 힘이 없어 팔을
들어 올릴 수조차 없었다.

'신이시여, 지금 어디에 계시나요?'

별안간 탕! 총소리가 났고, 한 소년이 총을 든 채 쓰러졌
다. 하늘에서 검은 깃털이 떨어져 내리고, 이어 소년도 새도
움직이지 않았다. 잘은 하늘에서 떨어진 까마귀를 향해 무릎
걸음으로 기어갔다.

전쟁에서 벗어나다

잘이 생존자 10여 명에 섞여 리엑 캠프에 도착했을 때, 그

곳 또한 굶주림에 점령된 상태였다. 다들 시체를 포식하는 독수리들을 혐오스러워하며 먹지 않으려 했지만, 잘은 개의치 않았다. 곧 백인들이 원조 식량을 가져오면서 상황은 차츰 나아졌다.

어느 날 잘은 무거운 총을 끌며 행진에서 돌아오는 길에 백인들을 만났다. 그들에 섞여 있던 피부색이 진한 여인이 잘에게 말을 걸어왔다.

"학교에 가고 싶지?"

"네, 학교에 가고 싶어요."

"그래. 그러려면 이 총은 내려놔야 해."

"미국에서 왔어요?"

"아니, 아니야. 영국."

갑자기 군인 한 명이 뛰어와 여인에게서 잘과 친구들을 거칠게 떼어 보내려고 했다. 그때 한 장교가 다가왔다.

"이분은 괜찮아. 리엑 마차르 대장의 부인이거든."

그 후 잘은 리엑 대장의 부인 엠마 매퀀과 친해졌다.

엠마는 1986년에 처음 방문한 수단에 반해 3년 후 학교 설립 활동을 하는 구호단체와 함께 돌아왔고, 마을마다 다니며 아이들이 교육을 받게 해 왔다. 엠마는 다른 활동가들과는 달리 규정을 어기기로 유명했다. 지휘관들이 구호 활동가들의 통행을 허용하지 않자, 이를 항의하기 위해 1990년 리엑 마차르에게 직접 면담을 요청하면서 두 사람은 처음 만났다.

"내가 가르치려는 아이들이 소년병이 되어야 한다는 게 얼마나 절망적인 일인지 알아요?"

1년 후 다시 만난 두 사람은 사랑에 빠졌고, 물의를 일으키며 결혼했다.

엠마는 잘에게 한동안 잊고 있던 공부 열망을 일깨워 주었다. 리엑과 잘의 아빠 사이먼은 같은 리어 출신이어서 서로 친척 관계라고 할 수 있었다. 아프리카의 대가족 개념으로 보면 엠마도 잘과 친척 간인 셈이었다. 엠마는 잘을 피니우드에서 세례받은 이름 중 하나인 이매뉴얼로 불렀다.

"전쟁 속에 살기에 넌 너무 어려. 반드시 학교에 가게 해줄게. 내가 널 여기서 데리고 나갈 거야."

엠마는 리엑에게서 동의를 받아 내 잘을 데리고 나가겠다는 약속을 지켰다. 1993년 초, 잘은 엠마와 함께 비행기를 타고 나이로비 공항에 도착했고, 케냐 중부 메루에 있는 사와사와 아카데미SawaSawa Academy에 들어갔다. 케냐의 부자 아이들이 다니는 사립학교였다.

잘은 키가 크고 마른 데다, 오랫동안 영양 섭취를 제대로 못해 머리카락 색이 바랬고, 얼굴은 볶은 커피콩 색깔이어서 건강한 밤색 피부를 가진 케냐 아이들과 겉모양부터 달랐다. 휴일이면 잘은 나이로비로 옮겨 온 수단 난민 가정에 가서 지냈는데, 그들이 자신에게 믿음을 주지 않는 게 느껴졌다.

'잃어버린 소년들'

'소년병'

'이단자'

잘은 자신을 보는 나이로비 수단 공동체 사람들이 침묵으로 그렇게 말하는 듯 느꼈다.

"저 아이는 소년병이었대. 미치광이일 게 뻔해."

부자 아이들 속에서도 왕따가 되어 있었던 잘을 이해하는 유일한 사람은 엠마였다. 엠마는 잘이 학교에 적응할 수 있도록 기다려 주었다. 남편 리엑과 함께 전쟁터를 다니면서도, 잘을 보러 수단과 케냐를 오가곤 했다. 1993년 11월 어느 날, 잘이 스쿨버스에서 내렸을 때, 나이로비에 도착해 있던 엠마가 환한 미소로 반겨 주었다.

"좋은 소식이 있단다. 이제 넌 나랑 함께 살게 될 거야. 우리에게 집이 생겼거든."

엠마는 집을 사서 '평화의 집'이라 이름 붙였고, 손수 잘이 지낼 방을 꾸며 주었다.

"좋은 소식이 또 하나 있어. 이매뉴얼, 내가 곧 아기 엄마가 될 거야."

잘은 이제 엠마와 함께 행복한 시간을 보내면 되었다. 하지만 잘에게 보장된 행복한 미래는 단 일주일뿐이었다. 그로부터 일주일이 지나고 엠마가 친구 루를 만나러 나간 날이었다. 그날 저녁 엠마가 운전한 차가 버스와 충돌했다는 소식이 들려왔고, 밤을 넘기지 못하고 엠마는 세상을 떠났다. 오래전 엄마를 빼앗아 갔던 것처럼, 이제 세상은 잘에게서 엠마를 빼앗아 갔다. 잘은 또다시 혼자가 되었다.

나이로비를 떠도는 소년병

잘은 몇 년간 이곳저곳을 옮겨 다니며 살기 위해 발버둥 쳤다. 리엑 삼촌이 엠마가 몰던 차를 팔아 사와사와 아카데미의 비싼 학비를 댔지만, 6개월 후 돈이 떨어져 그곳을 나와야 했다.

엠마의 친구들이 만든 기금으로 잘은 학교를 옮겨 다닐

수 있었지만, 싸움을 벌여 그 학교에서도 쫓겨났다. 그렇게 소년에서 청년으로 자라는 동안, 잘은 학교에 들어갔다 내쫓기고 다시 방황하기를 거듭했다. 군인이었던 경험은 잘을 또래들과 다르게 만들었다. 밤이면 전쟁이 되살아나 공포에 질려 깨어나곤 했다. 잘려 나간 머리들, 짓뭉개진 아기들, 그 위로 폭탄을 퍼부으며 나는 헬기들. 그런 꿈들이 날마다 찾아들었고, 수단에서 들려오는 전쟁 소식은 잘의 가슴에 증오심을 키웠다.

그래도 잘은 다시 시작한 학교생활에서 공부에 흥미를 붙이고 학생 대표로도 뽑혔다. 그런데 그즈음에 수업 환경에 대한 불만으로 학생들이 동맹휴학에 들어갔고, 교장 사옥을 약탈하는 사태가 벌어졌다. 교장이 무고한 아이들까지 싸잡아 비난하자, 잘은 그걸 바로잡으려 했다. 그런데 교장은 먼저 고함부터 지르고 들었다. 과거 자신이 소년병이었다는 사실을 떠올리기 때문에 교장이 그렇게 나온다는 생각이 잘의 머릿속을 한바탕 휘저어 놓았다.

"입 다물어. 여기 책임자는 네가 아니라 교장인 나야."

잘은 교장에게 자신이 하는 말을 귀담아 들어 달라고 부탁하고, 왜 진실을 믿으려 하지 않는지 따졌다.

"더 이상은 못 참겠다. 이번에는 널 영원히 학교에서 쫓아

내 버리겠어!"

마침내 학교에서 잘 적응하고 있었는데 모든 걸 빼앗아
버리겠다니, 잘은 막막해졌다. 싸우는 것도, 아무도 돌봐 주
지 않는 삶을 사는 것도, 홀로 외로운 것도 이제 다 지쳤다
는 절망감이 밀려들었다.

'넌 쓸모없고 어리석고 게을러.'

'넌 난폭하고 미치광이 같아.'

'넌 결국 아무것도 될 수 없어.'

머릿속에서 메아리치는 소리. 지겹도록 들어온 소리들이
었다. 잘은 총을 응시했다. 이 남자를 죽이고 싶었다. 군인이
었던 자신이 얼마나 큰 힘을 가졌는지 총으로 깨닫게 해 주
고 싶었다.

그런데 잘이 발을 고쳐 딛는 순간, 날카로운 고통이 다리
를 타고 올랐다. 잘이 절대 과거를 이겨 내지 못할 거라고
말해 주는 고통이었다. 발목을 문지르며 잘은 주바에서 겪은
악몽을 떠올리기 시작했다.

열두 살 무렵이었다. 잘과 램은 강을 향해 달리고 있었다.
아랍 군인을 두 명째 죽이고 부대에 합류하려던 중이었다.

"샅샅이 수색해. 이곳이 이제 우리 점령 지역이라는 걸 알

게 해 줘."

고참이 지시를 내리자 부대원들이 흩어졌다. 잠시 후 총소리에, 램과 잘은 엎드려 사격을 시작했다. 강가 참호에 아랍 군인들의 머리가 보였다. 수류탄이 터지는 것을 신호로 램과 잘은 참호를 향해 달리며 외쳤다.

"울루루루루루루."

아랍 군인들이 달아났다. 램과 잘은 강 근처 숲 쪽으로 절룩거리며 도망가는 아랍 군인을 뒤쫓아 따라잡았다. 램이 한쪽 다리를, 잘이 다른 쪽 다리를 쏘았다. 그리고 양쪽 손을 한 발씩 쏘았다. 아랍인은 바닥에 엎드리며 이제 울고 있었다. 그와 눈이 마주친 잘은 온몸에서 피가 역류하는 걸 느끼며 총을 돌려 개머리판으로 뒤통수를 쳤다. 램이 아랍인에게서 총을 빼앗으며 한 발 다가갔다.

"아니야, 내가 하게 놔 둬."

잘이 소리치며 왼쪽 다리를 들어 아랍 군인 머리를 걷어찼다. 다시 온 힘을 실어 관자놀이를 걷어찼다. 그때 갑자기 전기쇼크 같은 통증이 다리를 타고 오르면서 발목에서 뭔가가 지끈 부서졌다. 잠시 잘이 뒤로 비틀거리는 순간, 아랍인의 코와 입에서는 피가 쏟아졌다. 왼발을 디디는데, 다시 통증이 파도처럼 밀려왔고 발밑이 무너져 내렸다.

"이제 내 차례야."

램이 총을 들어 올렸다. 총알이 아랍 군인 머리에 명중했다. 잘은 멍하니 바라보았다. 아무것도 느낄 수 없었다. 하나, 둘, 셋. 모든 걸 빼앗긴 데 대한 복수심으로 빼앗은 아랍인 목숨 셋. 고통도, 절망도, 후회도, 죄의식도 없었다. 그저 죽이고 또 죽이고 싶다는 갈망뿐이었다.

다시 눈을 떴다. 물끄러미 총을 바라보는 잘은 심장이 쿵쾅거리는 것을 느꼈다.

'지난 세월 해 왔던 대로 총을 써야 할까? 또다시 내 모든 걸 빼앗은 이 사람에게 내 안에 가득한 증오를 터뜨려야 할까?'

잘이 깊게 숨을 들이켜는 순간 눈앞 허공에서 익숙한 얼굴들이 보였다. 어둠 속에서 유령처럼 서 있는 엄마와 엠마.

'다시 한 번 군인이 되어야 할까?'

마음에서 응답 소리는 들리지 않았다. 잘은 더 이상 전쟁 속에 살고 있지 않다는 것을 알았다. 교장은 전투에서 총을 들이대야 할 군인이 아니었다. 민간인, 평범한 사람이지, 전쟁터에서 만난 적이 아니다.

잘은 총을 내던지고 문을 향해 걸어갔다.

증오를 버리는 법 그리고 용서를 배우다

잘은 학교를 옮겨 다시 공부할 수 있게 되었고, 앤드류라는 친구도 생겼다. 앤드류는 잘을 집으로 데리고 가 엄마에게 소개했다. 앤드류의 엄마 무모 여사는 잘에게 깊은 관심을 보였다.

"너에 대해 조금만 얘기해 줄래? 나이로비에는 어떻게 오게 되었니? 학교에서는 뭘 좋아해?"

무모 여사는 잘에게 진심으로 미소를 짓고 있었다. 잘은 사람들이 자신에 대해 알고 싶어 하는 것이 싫었는데, 이번에는 달랐다. 꼭꼭 숨겨 놓았던 과거가 술술 흘러나왔다.

"수단에서 왔고, 여기선 난민이에요."

잘은 영국 구호 활동가 손에 이끌려 케냐로 왔으며, 곧 학교를 마치고 시험에 통과하기를 바라고 있다고 말했다. 나이로비에 사는 다른 잃어버린 소년들에 대해서도 들려주었다. 그리고 교장과 대면하던 그때 과거가 자신을 삼켜 버리지 못하도록 버티며 총을 거부했던 그날 이후 자신이 시작한 단체 활동에 대해서도 이야기했다. 잃어버린 소년들이 스스로를 돕는 단체 '남수단 젊은이를 위한 연합CASSY'이었다.

2000년 6월 기초 학력고사를 치르고 나서 잘은 앤드류와 함께 그 집에서 함께 살게 되었다. 무모 여사는 잘에게 마틴 루서 킹이 살아온 삶에 대해 이야기해 주었다.

"마틴 루서 킹은 세상에서 가장 강력한 무기를 택했단다. 사랑. 그건 증오의 고리를 끊을 수 있는 사랑이지. 마하트마 간디, 넬슨 만델라. 누구도 증오를 설교하지 않았어. 용서를 믿었단다."

그들처럼 증오를 버리고 사랑을 받아들인 잘에게 또 다른 새로운 세계가 열렸다. 음악이 잘을 뒤흔들었다. 케냐에서는 음악이 넘쳐 났다. 밥 말리의 부드럽고 쾌활한 곡조, 투팍과 아이스 큐브의 헤비 비트, 코피 올루미데와 칸다 봉고 만의 아프리카 현대 리듬, 그리고 리듬 앤 블루스R&B.

잘은 자신의 음악을 생각하게 되었다. 퍼프 대디가 부르는 노래를 들은 날은 잊을 수 없는 충격에 휩싸이기도 했다. 잘은 곡을 쓰고 노래를 불렀다. 환호하는 군중의 열기가 고통을 달래 주는 느낌은 전에는 몰랐던 새로운 경험이었다. 잘의 첫 시디가 편집에 들어갔고, BBC 월드서비스에서 그 노래가 울려 나왔다.

무모 여사 친구가 잘을 초청하여 영국을 방문했을 때는, 음반 제작자들이 잘의 음악과 삶에 관심을 기울이며 영국에서 공부할 수 있도록 후원자를 찾아 주었다. 2003년 겨울,

잘은 시험 통과라는 자신과 한 약속을 지켜 내고 런던 웨스트민스터 대학에 입학했다. 여동생 니아루아치에게서 전화가 온 건 그 무렵이었다.

"BBC 라디오에서 오빠가 노래하는 걸 들었어. 그게 정말 오빠라는 걸 믿을 수 없었어."

니아루아치는 에티오피아에 있는 디마 난민 캠프에서 지냈다고 했다. 잘은 니아루아치에게 데리러 가겠다고 약속했다.

방학을 맞아 케냐로 돌아온 잘은 영국 체류 비자 발급을 거부당해 끝내 웨스트민스터에서 공부할 수 없게 되었다. 또다시 원망과 증오심을 이겨 내기 위해 잘은 안간힘을 쓰며 마음속에서 마틴 루서 킹을 살려 냈고, 자신에게 희망을 줄 노래를 쓰기 시작했다. 그리고 가진 돈을 다 털고 후원을 받아 새로운 시디를 제작했다.

강렬한 리듬이 스튜디오를 가득 채웠다. 잘이 직접 써서 '구아'라 이름 붙인 새 노래였다. 구아는 아랍어로 '힘', 누에르 말로는 '평화'이다. 잘이 자라면서 배운 모든 언어, 아랍어, 누에르어, 딩카어, 영어가 모두 섞인 가사였다. 그렇게 '구아'는 지금까지 썼던 노래들과 달랐기에, 잘은 더욱더 심장이 쿵쾅거렸다.

여태껏 잘은 과거에 대해 말하기를 두려워했었다.

'과연 노래 속에 그런 일들을 담아 불러도 되는 걸까?'

하지만 니아루아치가 나이로비에 도착한 후로 잘은 동생 눈 속에 드리운 그늘을 생각했다. 전쟁은 동생을 겁에 질리게 했고, 그들이 겪은 좌절감은 끝이 없는 사막 같았다. 잘은 동생의 눈을 들여다보며, 자신이 쓰고 싶었던 게 바로 이것이라는 느낌을 분명히 가졌다.

잘은 용서를 배우기 시작하면서 몇 년에 걸쳐 아랍인들을 향한 증오를 멈추는 법도 배웠다. 하지만 절망감은? 마틴 루서 킹이 믿은 영혼의 힘! 어쩌면 잘도 평화를 이야기하기 위해 그 영혼의 힘을 사용해야 할지 모른다.

이제 동생 니아루아치까지 함께 노래할 준비를 갖췄다. 스튜디오 안을 음악이 휘감아 돌자, 잘은 동생을 바라보았다. 수단의 수많은 아이처럼 그들은 모두 증인이었다. 그리고 잘과 니아루아치는 동포들이 나라를 되찾기를, 죽음으로 향한 행렬이 멈추기를 바랐다.

내 노래를, 내 이야기를 들어 주세요

잘은 엠마를 만나 전쟁을 벗어났고, 무모 여사와 이야기를

세상을 바꾼 아름다운 용기

나누며 마음속 증오를 이겨 냈다. 잘이 런던에서 열린 '아프리카의 외침' 무대에 오른 후로는, 동떨어진 세계에서 살던 사람들도 그 메시지에 귀를 기울이기 시작했다.

2005년 9월에 앨범 '휴전'이 발매되면서 잘이 살아온 삶이 〈타임 매거진〉과 〈뉴욕타임스〉에 소개되었다. 또한, 잘은 요하네스버그에서 열린 글로벌 힙합 대회에 참석했고, BBC 월드뮤직 어워드 후보도 되었다. 그러나 잘이 무엇보다 중요하게 생각하는 것은, 국제기구 앰네스티와 옥스팜에서 활동하며 음악에 담긴 메시지를 전 세계에 전파하는 것이었다.

2006년 10월, 잘은 공연을 위해 뉴욕에 있었고, 더욱 활발하게 활동했다. 그해 영국 전역을 돌며 'African Soul Rebels'를 마쳤고, 월드 뮤직 페스티벌WOMAD에서 공연하는 한편, '구아'가 텔레비전 히트작 '응급실Er'에 사용되었고, 'Baai'*라는 곡도 다음 해 영화 '블러드 다이아몬드'에서 사용되었다. 그리고 '내셔널지오그래픽 올 로드 필름 페스티벌'을 따라 투어에 나서 있는 동안, 다큐멘터리 작가가 잘의 이야기를 영화로 담아냈다.

---

* 누에르어로 'good', 딩카어로 'my home', 수단 아랍어로 'power'라는 의미. 잘은 이 세 가지 의미를 다 담아서 노래했다.

하지만 미국 체류 중, 잘에게 가장 중요한 일은 '무기 통제 캠페인' 대변인 활동이었다. 외교관들을 위한 리셉션 공연에서 무기통제협약에 동의하도록 그들을 설득하는 것이 잘에게 맡겨진 일이었다.

엄격한 무기 통제가 삶과 죽음으로 갈린 길 앞에 선 수많은 사람의 운명을 뒤바꿀 수 있다는 사실을 잘은 아주 잘 알았다. 정부군과 반군들이 전 세계에서 팔리는 총과 무기들을 사용해 민간인들을 죽였다. 그것이 갖는 의미를 잘은 체험으로 알고 있었던 것이다. 총을 장전하는 아이들, 탄환에 맞아 비명을 지르는 소년병들, 로켓포에 맞아 쓰러져 누운 여인들과 아이들. 그 무기들을 수단에 공급한 사람들은 누구인가? 피 묻은 돈을 그들은 얼마나 많이 벌어들였는가?

그들이 있는 곳 중 하나가 뉴욕이었다. 잘은 이곳에서 무기 통제 캠페인 활동을 해야 한다. 정치인들이 귀담아들을까? 청중에게 전달될 만큼 내 음악이 강렬한 힘을 낼 수 있을까? 잘은 어느 때보다 더 긴장했다.

그러나 무대로 걸어 들어갈 때 비트가 온몸을 울리자, 다시 한 번 잘은 모든 것을 잊었다. 음악이 온몸을 휩쓸었다. 잘은 노래를 부르며 음악이 온몸을 마구 두드린다고 느꼈다.

'나는 나의 노래. 내 음악이 바로 나다.'

구아

내가 꾸는 꿈들은 고문 같아

언제나

내 머릿속에선

죽어 간 친구들의 목소리가 울려

불모의 정글에서

그리고 사막 고원지대에서

굶주림으로 내 곁에서 죽어 간

루알 같은 친구들

다음번에는 나였어……

하지만 신이 내 통곡을 들은 거야

내 동료의 썩은 살을 삼키려는 유혹을 느꼈을 때

신이 나를 위로했어

우리는 마을들을 습격하곤 했어
닭, 염소, 양 들을 훔쳤어
먹을 수 있는 거라면 가리지 않았어
졸렬한 짓이라는 거 알았지
하지만 우린 먹을 것이 필요했어
그래서 그랬던 거야

어쩔 수 없이 죄를 지었어
살기 위해 어쩔 수 없이 죄를 지었어

♪♩ 〈2004년에 발표한 이매뉴얼 잘의 첫 번째 앨범 'Gua'〉

조금 더 알고 싶어요

수단의 전쟁

수단은 아프리카 대륙에서 가장 넓은 나라입니다. 이 나라에서 일어난 내전과 정치 불안의 가장 큰 변수는 한마디로 '경제적 이권'입니다. 수단의 상황을 가장 잘 설명해 주는 것은 정치적, 민족적, 종교적 이유보다는 수단이 가진 자원을 둘러싼 갈등이기 때문이지요.

1956년에 영국과 이집트로부터 독립한 수단의 역사는 쿠데타로 점철되었고, 특히 1989년에 쿠데타로 정권을 장악한 오마르 알바시르는 정통성 확보를 위해 이슬람을 국가 이념으로 삼게 됩니다. 이에 남부에 거점을 둔 반정부 조직인 수단인민해방군이 봉기하면서 내전이 본격화한 것입니다.

그치지 않는 내전 속 정치적 투쟁 이면에는 '검은 황금', 석유가 있습니다. 1990년대 초부터 수단 북부에서 추가로 유전이 발견되었고, 남부에서도 굉장한 석유 매장량이 확인되었습니다. 수단은 현재 아프리카 산유국 가운데 5위로, 석유가 전체 국가 수출의 95퍼센트, 정부 수입 가운데 60퍼센트를 차지하고 있습니다. 특히, 최근 개발되는 유전 지대가 남부 수단에 집중되어 있지요.

재정적 기반이 될 수 있는 유전을 보유하게 된 남부 반군 세력은 어떻게든 북부로부터 분리 독립을 원했고, 북부는 연방제를 유지해 남부에 묻혀 있는 자원을 이용하고자 했습니다. 남부와 북부 두 세력 간에는 이렇듯 분명한 이해관계에 따른 대립이 존재하고 있습니다.

2003년 2월부터 발생한 다르푸르 내전에서 30만 명이 사망하고, 난민이 270만 명 이상 발생하자, 국제사회로부터 공분을 샀습니다. 그래서 2005년, 북부에 기반을 둔 알바시르 정부는 사망자 150만 명을 낸 20년간의 남북 내전을 종결 짓는 평화협정을 남부 반군 조직 수단인민해방운동SPLM과 체결했습니다. 평화 협정 합의 사항에 따라 2011년 1월에 남부 지역 주민의 분리 독립 국민투표가 실시되었고, 주민 대다수가 독립에 찬성하여 그해 7월에 독립이 예정되어 있었 습니다. 하지만 석유 수익 공유 문제를 포함해 수단 남부와 북부 경계 지역에 사 는 소수민족 문제, 분쟁 지역인 아비에이와 유전 지대 지배권 문제 등은 아직 해 결되지 못한 채 남아 있습니다. 또한, 독립 투표 이후에도 여전히 남수단에서는 반군의 테러 등 폭력 사태가 끊이지 않고 있습니다.

아동 병사에 관한 국제적 규정

어린이의 무력 분쟁 개입에 관한 '아동권리협약선택의정서'가 2000년 5월 유 엔총회에서 채택되었습니다. 의정서는 18세를, 전투에 직접 참여하거나 정부에 의한 입대와 무장 단체에 소속될 수 있는 최저 연령으로 정했습니다.

세계 아동 병사들

18세 미만으로, 어떤 자격으로든 군대나 무장 단체에 소속된 모든 사람을 아동 병사라 부릅니다. 이때 전투에 직접 참여하는 것만을 의미하지 않으며, 전투원 으로, 요리사로, 짐꾼으로, 첩자로 혹은 성적 목적으로 이용되는 모든 소년과 소 녀를 말합니다.

따라서 그 정확한 숫자가 얼마나 되는지 추정하기가 쉽지 않습니다. 군 지휘관 들이 소속된 어린이들을 숨기거나 감시를 위한 접근을 거부하는 경우가 많기 때 문이지요.

앙골라, 라이베리아, 시에라리온, 스리랑카처럼 전쟁이 끝난 나라들에서 최근 5년 사이 수많은 어린이가 전투부대를 벗어났지만, 차드, 코트디부아르, 수단처럼 새롭게 분쟁이 시작된 곳에서 또다시 어린이들이 무력 분쟁에 끌려갔습니다. 콜롬비아, 콩고민주공화국, 미얀마(버마) 같은 나라에서는 변화가 거의 없이 수많은 어린이가 계속해서 병사로 충원되고 있습니다.

안타까운 일이지만, 세계 모든 지역에 그리고 무력 분쟁이 벌어지고 있는 거의 모든 나라에 아동 병사가 존재하는 것입니다. 가장 많은 아동 병사가 있는 아프리카에서는, 중앙아프리카공화국, 차드, 콩고민주공화국, 소말리아, 수단에서 발생하는 무력 분쟁에 계속해서 아동 병사들이 충원되고 있습니다.

아시아에도 분쟁 중이든 휴전 상황이든 전투부대에 소속되어 있는 어린이가 많습니다. 미얀마는 아시아에서 유일하게 정부군이 12세에서 18세 사이 어린이들을 강제로 입대시키는 나라입니다. 아프가니스탄, 방글라데시, 인도, 인도네시아, 네팔, 필리핀, 타이에도 아동 병사들이 존재하고, 이곳에서는 주로 정부에 반대하는 저항 세력이나 소수 부족이나 소수 종교 집단으로 이루어진 무장 단체에 어린이들이 속해 있습니다.

또, 중동에서는 이란, 이라크, 이스라엘, 팔레스타인 점령 지구, 그리고 예멘의 다양한 부족 집단에 아동 병사가 존재한다고 보고되고 있습니다. 라틴아메리카에서는 콜롬비아에 무장 단체들 및 정부로부터 후원을 받는 민병대에 참여하는 어린이들 수가 1만 4천 명에 이르는 것으로 알려져 있고, 유럽에서는 터키와 러시아연방 체첸공화국에서 무장 단체가 얼마나 있는지 숫자는 알 수는 없지만, 거기에도 18세 이하 어린이들이 소속되어 있다고 알려져 있습니다.

우리 손으로 평화를 만들어요

팔리스 칼레

내 친구 알프레도가 게릴라라니!

학교에서 돌아온 팔리스는 가방을 멘 채 곧장 엄마 가게
로 뛰어 들어갔다.

"어?"

엄마 대신 가게에 앉아 있는 건 팔리스와 가장 친한 친구
알프레도였다. 반가운 마음에 환하게 밝아지던 팔리스의 표
정이 갑자기 굳어졌다. 팔리스의 눈에 들어온 건 알프레도의
손에 들린 총이었다.

"네가 총을?"

당황한 팔리스와 달리 마치 아무 일도 아니라는 듯 알프레
도는 미소마저 지어 보였다. 알프레도는 가게에 뭘 사러 왔다

가 아무도 없어 총을 꺼내 막 손질을 시작한 참이었다. 팔리스의 안색이 하얗게 변하는 걸 보고, 그제야 변명하려 했다.

"팔리스, 이건 그냥……."

팔리스는 폭력이 싫었다. 총도, 전쟁도 지긋지긋했다. 그런데 지금 절대 그럴 리 없다고 내내 부정해 왔던 친구에 대한 소문이 눈앞에서 사실로 확인되고 있는 게 아닌가.

바나나 농장에서 사는 여자아이들은 알프레도와 친하게 지내는 팔리스를 짓궂게 놀려 대곤 했었다.

"알프레도를 조심하는 게 좋을걸, 팔리스! 그 애는 게릴라거든."

농장 인근에 전쟁에 말려든 사람들이 꽤 있다는 걸 팔리스도 들어서 잘 알고 있었다. 하지만 자신을 가장 잘 이해해 주는 친구, 그토록 상냥하고 사려 깊은 알프레도가 좌익 무장 단체 대원이라니! 그동안은 그 아이가 아주 잘생겨서 여자애들이 질투하는 거라고만 생각했던 것이다.

'저 아이는 자신이 살인을 할 수 있다고 생각하는 걸까? 아이들, 엄마들, 노인들에게 총질을 하겠다는 걸까?'

팔리스는 이 상황을 도저히 받아들일 수 없었다.

"나는 이런 삶을 원하지 않아. 너와 나는 이제 끝장이야."

팔리스는 단호하게 말을 내뱉었지만, 발밑이 무너져 내리는 느낌이었다. 뭔가 말을 하려는 알프레도를 팔리스는 냉정하게 막았다. 그 후 얼마 안 있어, 알프레도는 농장 일을 그만두고 떠났고, 팔리스는 비탄에 잠겼다.

잠을 이루지 못하고 학교 성적도 뚝 떨어지자, 스페인어를 가르치는 로드리게스 선생님이 팔리스를 누에보 콜로니아에 있는 작은 카페로 데려갔다. 두 사람은 진한 콜롬비아 커피를 앞에 놓고 마주 앉았다. 팔리스는 알프레도, 총, 농장 소녀들의 놀림, 당혹스럽고 비탄에 빠진 심정을 다 털어놓았다. 선생님은 팔리스를 마치 어른처럼 대해 주셨다.

"네가 반드시 알아야 할 게 있어. 네 미래는 너 자신에게 달려 있는 거란다. 네 미래는 누군가 다른 사람의 것이 아니야. 부모님도 아니고 특히, 그 소년도 아니야. 그건 네 거야. 넌 네가 원하는 건 무엇이든 될 수 있어."

그날 이후로 로드리게스 선생님은 팔리스에게 영원한 멘토로 자리 잡았다.

학살 현장이 된 학교 기금 마련 파티

콜롬비아 북서부 도시 아파르타도에서 10킬로미터 떨어진 우라바 지역. 팔리스는 파나마 국경에 인접한 그곳 바나나 농장에서 태어났다.

팔리스의 아빠는 바나나를 따서 포장하는 일을 하는 농장 노동자였고, 엄마는 집에 달린 조그만 가게에서 탄산수나 과자류를 내놓고 농장 노동자들에게 팔았다. 팔리스는 망고 나무와 구아바 나무가 그늘을 드리운 먼지투성이 주택단지 내 양철 지붕을 인 작은 어도비*벽돌집에서 가족과 함께 살고 있다. 팔리스에게는 엄마와 아빠 그리고 남동생 오비에르, 여동생 엘리스와 옐레니가 있다.

팔리스와 같은 농장 아이들은 바나나를 씻는 물탱크에서 수영하고, 들판에서 뛰놀면서 거칠게 자랐다. 그리고 달콤한 과일 향으로 가득 찬 바나나 트럭 뒤에 매달려 험한 도로를 튀어 오르듯이 하면서 학교에 갔다. 무덥고 흙먼지가 날리는 그 길을 지나고 나면, 집을 나서기 전에 누가 얼마나 잘 차려입고 나왔건 아무 소용이 없었다. 그래서 누에보 콜로니아에 있는 학교에 도착할 때쯤이면, 그들이 농장 아이들이라는 건 누구라도 한눈에 알 수 있었다.

수십 년간 내전을 이어 오면서 게릴라들이 나라의 거의 절

---

* 짚과 섞어 벽돌을 만드는 데 쓰이는 점토.

반을 장악한 콜롬비아에서도 우라바 지역은 게릴라 영토라 불릴 만한 곳이었다. 이곳 바나나 농장 노동조합이 게릴라에 우호적인 편이었는데, 이를 빌미로 우익 민병대들이 게릴라 지지자들을 소탕한다며 마을과 농장을 한바탕씩 휩쓸었다. 그들이 지나간 자리에는 늘 시체와 부상자들이 즐비했다.

팔리스가 열세 살이던 어느 날 아침이었다.

"팔리스, 오비에르! 얘들아!"

팔리스와 동생들은 엄마가 다급히 부르는 소리에 단잠에서 깨어났다.

"지난 밤 아파르타도의 라치니타 인근에서 야외 파티가 열렸는데, 거기에 있던 서른 명이 넘는 사람들이 살해되었다는구나."

이야기를 전하며, 팔리스의 엄마는 온몸을 부들부들 떨고 있었다. 라치니타에서 그리 멀지 않은 곳에 팔리스의 외할머니와 이모, 삼촌, 사촌들이 살고 있었던 것이다.

"다들 괜찮을 거야. 가서 알아봐야겠지만……, 분명히 괜찮을 거야."

팔리스는 그렇게 말하는 엄마의 두 눈에 가득 찬 두려움을 보았다. 먼저 이모네로, 그다음에 할머니네로 갔다. 친척들은 다행히 무사했다. 이제 라치니타 학살 현장으로 갔다.

시체들은 아직 길거리에 그대로 놓인 채 얼굴이 천으로 덮여 있었다. 사람들이 그 사이로 걸어 다니며 천을 걷어 올려 아는 사람이 있는지 확인하고 있었다. 친구 부부의 주검을 확인한 팔리스의 엄마가 오열하며 그 자리에 주저앉았다.

학교 기금 마련을 위한 파티였다. 과거에 좌익 무장 단체 활동 경력을 가진 사람이 몇 참석했지만, 파티와는 아무런 상관이 없었다. 유난히 멋진 저녁이었다. 남녀노소 많은 사람이 광장으로 나와 별빛 아래서 춤을 추며 즐거운 시간을 보내고 있었다. 밤이 깊어 가고 파티가 한창 흥겨워졌을 때, 복면에 무장한 사람들을 가득 태운 트럭 한 대가 광장으로 질주해 왔다. 그들이 차량에서 내리고 총이 불을 뿜기 시작했다. 그들의 총구는 겨냥하는 대상을 전혀 가리지 않았다. 목숨을 잃은 서른다섯 명 가운데는 노인들도 있었고, 어린아이들도 있었다.

라치니타 학살 사건이 있고 나서 아파르타도와 인근 곳곳에서 폭력이 점점 강도를 더해 갔다. 마을마다 무장 단체들이 나타나 남녀노소 모두 광장으로 끌어내 반대파를 지지하는 혐의가 보이는 사람이면 누구든 그 자리에서 처형했다.

무장 단체들은 '옳지 않은' 편에 식료품을 팔았다며 잡화상들을 살해했으며, '옳지 않은' 수업을 했다며 교사들을 살해했다. 그들은 아내들 앞에서 남편들을, 아이들 앞에서 부모들을, 온 마을 사람들이 지켜보는 앞에서 지역사회 지도자들을 살해했다. 수많은 가정에 고향을 떠나라는 명령이 떨어졌다. 마을에 남도록 허용된 사람들에게서는 강제로 돈을 빼앗았다.

그들은 팔리스가 사는 바나나 농장에도 모습을 드러냈다. 농장 노동자들을 전부 한데 모아 놓고, '위험인물'로 추정되는 사람들을 큰 소리로 부른 다음, 모조리 죽였다. 마을을 '청소'한다며, 좀도둑들을 포함해 사소한 비행을 저지른 사람들도 죽였다.

팔리스와 식구들은 누구도 감히 입 밖으로 꺼내지는 않았지만, 다음번에는 가족 중 누구에게라도 위험한 일이 생길 수 있다는 것을 모두 느끼고 있었다. 아버지가 늦게 들어오시는 날이면 온 가족이 두려움에 떨었다. 하지만 할 수 있는 일은 아무것도 없었다.

팔리스 칼레, 어린이 시장이 되다

팔리스는 열네 살이 되어 아파르타도 시내에 있는 호세

셀레스티노 무티스 고등학교에 진학했다. 학교가 중심가에 있어 주중에는 시내에 있는 이모 집에서 지냈다. 농장의 한적하고 고립된 분위기에서 자란 팔리스는 도심을 감도는 활기찬 기운이 무척 맘에 들었다.

'어젯밤 도심, 우익 민병대와 좌익 무장 단체 대원 사이에서 일어난 충돌로 사상자 발생'

'대낮 초등학교 운동장에서 총격전'

신문 기사들로만 보면, 마치 아파르타도에 사는 모든 사람이 어떤 형태로든 무장 단체와 연루된 것처럼 보이지만, 사실 시민 대다수는 종종 희생자가 될 뿐이었다. 폭력이 쉬지 않고 이어지는 것은 아니었다. 밤이 되면 아파르타도에 있는 작은 술집들에서 큰 소리로 음악을 틀었고, 사람들은 중앙 공원 주변 거리를 산책하거나 인도 위에 내놓은 카페 테이블에 둘러앉아 이야기를 나누기도 했다. 그들은 상냥하고 친절했다. 그저 어쩌다 전쟁 한복판에서 살게 된 사람들일 뿐이었다.

하지만 오랜 내전과 죽음이 주는 공포는 사람들을 거칠고 황폐하게 만들고 있었다.

고등학교는 누에보 콜로니아에 있던 학교보다 거칠었다. 툭하면 싸움이 벌어졌고, 좀도둑과 마약도 흔했다. 부자와 특권층에만 혜택이 돌아가는 콜롬비아 교육 체계에 반감을 가진 학생들은 교사들에게 도전했다. 팔리스는 그런 저항을 이끄는 주모자였다. 부모님이 가난해서 대학에 보내 줄 수 없다는 절망감, 모든 학생에게 제대로 된 교육을 해 줄 의무를 다하지 못하는 교사들에 대한 분노가 날이 갈수록 커 갔다.

1996년은 툭하면 교사들에게 대들던 팔리스 칼레에게 중대한 전환점이 된 해였다. 10학년인 팔리스는 우연히 친구 추천으로 학급 대표 선거에 나가 당선되었고, 마침내 전교 학생 회장으로 선출되었다. 좌절한 문제아가 학생 대표가 된 것이다.

그해 4월에는 아파르타도 시장이 인근 지역 학생 대표들을 초청해 특별한 모임을 가졌고, 팔리스도 참석했다. 팔리스는 그곳에서 낯선 이름 하나를 듣게 되었다. 그라사 마셀*. 당시 '전쟁이 어린이들에게 미치는 영향'에 관한 유엔 보고서를 작성 중이던 그라사 마셀 여사가 조사차 그곳을 방문한다는 소식이었다.

학생 대표들은 그라사 마셀 여사의 아파르타도 방문을 앞두고 활발히 움직였다. 대부분 유혈 참사를 몸으로 겪으며

---

* 넬슨 만델라의 부인으로도 잘 알려져 있다.

자라난 아이들이었으므로, 이 일이 얼마나 소중한지 절실히 느끼고 있었다.

5천 명이 넘는 아이들이 '기억을 위한 주간' 행사에 참여했다. 행사는 시청에서 가톨릭교회, 콜롬비아 적십자사, 유니세프 지원 아래 이루어졌다. 아이들은 행사를 위해 편지, 시, 수필을 쓰고, 그림을 그렸으며, 조각을 세웠다. 아이들의 작품들이 시청에 전시되었다. 편지글은 대부분 가슴 아픈 이야기들이었고, 그림들도 아이들 삶 속에 깊이 박힌 끔찍한 폭력을 담고 있었다.

분과별로 나누어 토론을 벌여 온 팔리스를 포함한 학생 대표들은 수많은 생각을 떠올리게 되었다. 학교에서 평화교육이 이루어지기를 바랐고, 평화를 위해 일할 청소년 운동이 절실하다는 공감이 이루어졌다. 그들은 '아파르타도 어린이 선언'을 작성했다. 선언은 너무 솔직해서 오히려 고통을 불러일으켰다.

'우리 보금자리에 평화를 가져오기 위해, 우리는 호전적인 파벌들에게 요구합니다. 더 이상 어린이들을 고아로 만들지 말 것을 요구합니다. 거리에서 우리가 자유롭게 뛰어놀 수 있게 해 줄 것을 요구합니다. 우리 어린 형제

자매들을 다치게 하지 말 것을 요구합니다. 우리가 하는
요구는 우리가 받은 고통을 우리 자식들은 겪지 않도록
하기 위한 것입니다.'

'기억을 위한 주간' 행사 마지막 날, 팔리스 칼레는 아파
르타도 학생 연합 대표로 그라사 마셸 여사에게 어린이 선
언을 전달하는 역할을 맡았다.
  시청은 마셸 여사를 맞이하는 인파로 발 디딜 틈 없이 꽉
들어차 있었다. 팔리스는 긴장했지만, 막상 마이크 앞에 서

자 두려움이 모두 사라졌다. 팔리스는 아파르타도 주민이 폭력을 기억에서 떨쳐 내려 애써 왔다고 말하며, 사람들은 싸움이 벌어졌던 끔찍한 사건들을 기억하고 싶어 하지 않지만, 라치니타를 비롯한 학살 현장에서 가족을 잃은 사람들에게 고통은 절대 사라지지 않을 거라고 분명하게 말했다.

"만약 아버지를 죽인다면, 그것은 아이들의 일부를 영원히 죽인 것이 되니까요."

말을 마친 팔리스는 '어린이 선언'을 큰 소리로 낭독한 다음, 그라사 마셸 여사에게 전달했다. 마셸 여사는 유엔에 아파르타도 아이들의 목소리를 전해 세계 지도자들이 지금 어린이들에게 가해지는 전쟁의 폐해들을 깨달을 수 있도록 하겠다고 약속했다.

그라사 마셸 여사가 떠나고 나자, 모든 게 다시 일상으로 돌아왔다. 고위급 인사가 방문하고, 어린이들이 발표하고, 그런 다음에는 모두 집으로 돌아가고……. 상황은 늘 그랬듯이 그렇게 끝나 버릴 수도 있었다. 하지만 이번에는 달랐다. 아파르타도 학생 연합은 거기서 그치지 않고 콜롬비아 헌법을 검토했다. 그리고 자신들에게 각 지방에서 '어린이 정부'를 구성할 헌법적 권리가 있다는 사실을 알게 되었다. 콜롬비아의 작은 도시들 중에는 모든 어린이를 대변하여 활동하는 어린이 시장을 둔 곳들이 있었다. 1991년에 개정된 헌법에서 어린이를 포함한 시민에게 광범위한 참여의 권리가 부여되었던 것이다. 물론 그 대부분이 전혀 행사되지 않고 있었다.

학생 연합에서 시내에 있는 학교들에 통지문을 띄우자, 평화 회의에 참여하겠다며 200명이나 되는 학생들이 모여들었다. 주로 아홉 살에서 열다섯 살 사이 정도 되는 아이들이 공원이나 축구장에서 매주 세 차례씩 꼬박꼬박 이어진 평화 회의에 참석했고, 이들은 평화를 증진하기 위해 자신들이 할 수 있는 일과 없는 일에 대해 열정적으로 토론을 벌였다. 그리고 어린이 정부 구성을 위한 준비에 들어갔다. 아파르타도 시 당국은 학생 연합에 적극적 지지 의사를 표명했다. 그리고 팔리스 칼레가 최초로 '아파르타도 어린이 시장'에 선출되었다.

지방의회와 콜롬비아 정부도 공식적으로 어린이 시장 지위를 인정했다. 하지만 곧 팔리스는 자신이 의회 회의 자리에서 거의 아무런 영향력을 갖지 못한다는 사실을 깨달았다.

'내 이야기에 진지하게 귀를 기울이려는 사람은 아무도 없어.'

팔리스는 어린이 시장으로 일한다는 게 우스꽝스럽게 느

꺼지기만 했다.

'내가 실제로 무엇을 할 수 있겠어? 나에게는 아무런 힘도 없는걸.'

팔리스를 비롯한 학생 대표들이 모여 이 문제를 가지고 토론했고, 자신들에게 더 많은 발언권이 주어져야 한다고 판단했다.

"평화를 얻기 위해서는 가난을 해결해야 해. 하지만 어린이들은 그것을 해낼 수 없잖아."

"실업률이 줄어야 평화를 가져오는 데 도움이 된다는 건 자명한데, 그것도 우리 힘으로 할 수 없는 일이야."

"우린 총알이 날아다니는 걸 막을 수도, 칼을 멈추게 할 수도 없어."

아파르타도에서 콜롬비아로

어린이들은 아파르타도에서 폭력이 끝나게 할 수는 없었다. 하지만 그들은 어린이들 가운데서 평화를 일구어 나가는 일을 시작할 수 있다고 믿었다. 열정과 활력이 넘치는 팔리스와 동료들은 자신들이 하려는 활동에 '아파르타도 어린이 평화운동'이라 이름을 붙였다. 그리고 재미있게 노는 것이 그 자체로 평화를 만드는 길이라는 믿음으로, 서로 반목하는 마을들이 함께 즐거워할 수 있게 힘을 북돋아 줄 '평화 카니발' 행사를 벌여 나가기로 했다.

당시 팔리스의 이모가 사는 오브레로 마을은 이웃 폴리카르파 마을과 몇 개월째 갈등을 빚어 오고 있었다. 두 마을에 사는 아이들이 서로의 지역을 걸어서 지나는 것조차 힘든 일이었다. '평화운동'은 두 마을 어린이들이 함께 어울려 놀 수 있고, 서로 얼마나 많은 공통점을 지녔는지 확인할 수 있도록 어린이 축제를 준비했다. 먼저 가톨릭교회의 도움을 받아 두 마을의 부모들을 방문하는 일부터 시작했다. 준비는 순조롭게 진행되어 중립지대에서 행사가 열렸고, 수중 경기와 축구, 얼굴 페인팅, 광대놀이, 음악 페스티벌이 다채롭게 펼쳐졌다. 그리고 친밀감을 유지하기 위한 후속 작업으로 청소년 클럽을 조직해 음악 연주나 농구와 배구 경기를 하거나, 아니면 방과 후 그냥 어울려 놀 수 있게 했다.

'아파르타도 어린이 평화운동'이 활발히 활동하자, 지방자치단체와 적십자사와 함께 건강 진료에 자원봉사자로 참여하는 어린이들도 생겨났다. 또, 그중에는 놀이 치료를 배워 폭력 사태로 인해 마을에서 쫓겨난 아이들을 도우러 나서는 아이들도 있었다.

그런데 정부와 게릴라 간 평화 협상이 실패를 거듭하고 있는 콜롬비아의 정치 현실에서 뭔가 시도해 보려는 노력이 아파르타도에만 있는 건 아니었다.

어느 날, '아파르타도 어린이 평화운동'에 초청장이 날아왔다. 콜롬비아의 수도 보고타에서 열리는 워크숍에 참석하기 바란다는 내용이었다. 그라사 마셸 여사가 방문한 이후, 유니세프가 콜롬비아 곳곳에 있는 청소년들이 한자리에 모여 폭력과 평화에 대해 함께 이야기 나눌 수 있도록 자리를 마련한 것이었다.

보고타 인근 산탄데리시토의 그리스도교 청년회YMCA 캠프에서 열린 워크숍에는 어린이 스물일곱 명과 어른 서른 명이 참석했다. 참석한 어른들은 평화와 인권 활동을 벌이며, 콜롬비아에서 폭력이 가장 극심한 곳에서 활동하는 어린이들을 지원하는 사람들이었다. 어린이들 중에서는 열다섯 살인 팔리스 칼레가 가장 나이가 많았고, 메델린에서 온 리니아가 아홉 살로 가장 어렸다. 그들은 자신들이 겪고 있는 고향 현실에 대해 이야기했으며, 콜롬비아처럼 전쟁으로 피폐해진 모잠비크의 사례가 담긴 영상을 함께 보고 아동 권리에 대한 토론을 벌였다. 그리고 콜롬비아에 평화를 가져오기 위한, 그리고 어린이 권리가 보장될 수 있도록 하기 위한 실천 방안들에 대해 자유롭게 난상토론을 벌였다. 그들은 입을 모아 이야기했다.

"우리들이 혼자가 아니라는 걸 깨닫게 되었어요."

팔리스도 똑같은 심정이었다. 그 워크숍에서 '콜롬비아 어린이 평화운동'이 탄생했다. 그들은 첫 번째 목표를 세웠다. 콜롬비아에 사는 어린이 50만 명을 아주 특별한 국민투표에 참여하게 하자는 것이었다. 바로 '평화와 권리를 위한 어린이 명령' 투표였다. 유니세프, 평화운동전국네트워크 레데파즈*, 종교 단체와 아동 단체들, 가톨릭교회, 적십자사, 스카

---

* 전쟁반대평화운동전국네트워크REDEPAZ는 평화운동을 통해 1993년에 설립된 콜롬비아의 비정부기구·사회단체·학자들의 연합체로, 콜롬비아의 기본 인권인 평화를 지키기 위한 운동을 벌인다. 1994년 이래, 매년 평화 주간 행사를 가져 오랜 내전에 지치고 상처 입은 콜롬비아인들의 대화, 화해, 공존, 평화를 일궈 나가고자 한다.

우트, 그리스도교 청년회를 비롯한 수많은 단체가 지원하겠다고 나섰다.

팔리스는 아파르타도로 돌아가 아이들을 모아 놓고 벅차오르는 감정으로 설명했다.

"잘 들어 봐. 우리는 콜롬비아 전체가 깜짝 놀라서 우리 이야기에 귀를 기울이게 만들 거야. 곧 '어린이 명령'이라고 하는, 어린이들이 참여하는 특별한 투표가 있을 거야. 우리는 그 투표에서 우리한테 가장 중요하다고 생각하는 권리들을 고르게 돼. 그러니까 아파르타도의 어린이들이 한 명도 빠짐없이 우리의 권리를 이해하고 투표에 참여하게 해야 해. 만약 우리가 성공적으로 해낸다면, 대통령과 모든 무장 단체, 콜롬비아의 모든 어른까지도 귀를 기울이게 될 거야."

그것은 모든 사람이 어린이들이 내는 목소리에 귀를 기울이게 만든다는 거창한 비전이었다. 그러나 어린이들이 투표를 하러 투표장으로 간다면 무장 단체들이 표적으로 삼을 거라며 걱정하는 사람들도 있었다. 콜롬비아에서는 모든 선거가 폭력으로 인해 실패한 오랜 경험이 있었기 때문이다.

'어린이 명령'을 위한 선거일은 5개월 후인 1996년 10월 25일로 정해졌다. 그리고 아이들은 그날 온 나라를 깜짝 놀라게 할 준비를 시작했다. 평화에 대해 어린이들이 강렬히 요구하는 것을 콜롬비아 전체가 알게 할 생각이었다.

어린이 270만 명의 외침, "내전을 끝내라!"

1996년 10월 25일, 보고타 볼리바르 광장.

'콜롬비아 어린이 평화운동' 보고타 활동가인 메이얼리 산체스는 다른 아이들 50명과 함께 버스를 타고 볼리바르 광장에 세워진 투표장으로 향했다. '어린이 명령'에 투표하기 위해서였다. 투표소들이 도시 곳곳에 세워졌지만, 보고타 중심부에 있는 볼리바르 광장에서 아이들 수천 명이 투표를 할 예정이었다. 가는 길에 메이얼리는 버스 통로에 서서 즉석에서 평화를 염원하는 노래를 지어 불렀다. 모두 따라 불렀다.

♪ 전쟁은 안 돼, 평화가 좋아. 우리 어린이들이 그걸 반드시 이뤄 내고 말 거야.♬

광장은 평화를 상징하는 하얀색 옷을 입은 어린이들로 꽉 채워졌다. 광대들과 죽마 - 키가 커 보이게 나무 발판을 딛고

서는 장대 – 들, 얼굴에 평화의 비둘기를 그린 사람들이 등장했다. 사람들이 하얀 풍선을 하늘로 띄워 올렸다. 모두가 하얀색 손수건을 흔들었고, 어린이 수천 명이 투표소 앞에 줄을 지어 섰다.

메이얼리는 볼리바르 광장을 여기저기 뛰어다니며 큰 소리로 외쳤다.

"오늘, 어린이 여러분이 콜롬비아에 평화를 가져오게 될 거예요."

투표가 이루어지기까지 5개월간 '콜롬비아 어린이 평화운동' 회원들은 시종일관 체계적으로 참여했다. 각계각층에서 지원을 이끌어 냄으로써, 선거관리위원회에서도 그것을 진짜 선거로 실시하는 데 결국 동의했다. 또한, 어린이들이 이해할 수 있는 말로 어린이 권리들을 풀어서 설명하는 자료들을 꼼꼼히 준비했다. 더욱이 어린이 권리에 관한 여러 가지 게임을 고안해 내 학교와 공청회에서 가르쳤고, 광고를 기획해 직접 출연하는 한편, 기자회견과 주민 총회(타운 미팅)를 열어 평화에 관해 그리고 자신들이 가진 권리에 대해 공개적으로 이야기했다.

어린이들이 투표소로 모여들었다. 다채로운 색깔을 띤 투표용지에는 콜롬비아 헌법과 아동권리협약에서 추려 낸 열두 가지 권리가 후보로 올라 있었다. 거기에는 교육을 받을 권리, 재판을 받을 권리, 안전한 환경에서 살아갈 권리, 평화롭게 살 권리 등이 포함되어 있었다.

그날, 비록 단 하루이긴 했지만 콜롬비아에 평화가 찾아왔다. 우려와 달리 그날 하루만은 폭력에 피해를 입은 어린이가 단 한 명도 없었다. 어린이들에게 평화를 만들어 낼 힘이 있다는 사실을 모두 실감했다. 심지어는 네다섯 살밖에 되지 않은 아이들까지 투표를 하고 싶어 했다.

다음 날, '콜롬비아 어린이 평화운동' 어린이 활동가들은 선거 결과를 보기 위해 일제히 텔레비전 앞에 모였다. 아나운서는 거의 울먹이고 있었다. 얼마나 많은 어린이가 투표에 참여했는지 아나운서가 말하는 순간, 아이들은 함성을 터뜨렸다.

'콜롬비아 어린이 평화운동'이 애초에 선거를 준비할 때 50만 명 정도가 참여할 것이라 기대했었다. 그런데 무려 270만 명이 넘는 어린이들이 투표장에 나왔다. 콜롬비아에 사는 일곱 살에서 열여덟 살 사이 전체 아동 청소년 가운데 삼분의 일에 달하는 숫자였다. 투표를 준비하면서 특별히 중요한 목표로 삼았던, 가장 폭력적이고 피폐한 지방자치단체 가운데 100곳은 투표율이 90퍼센트를 넘어섰다. 아파르타도처럼 폭력이 가장 극심한 지역들은 일곱 살에서 열여덟 살 사이에 드는 아이들 거의 모두 투표에 참여했다.

그리고 열두 가지 권리 가운데 아이들은 살아남을 권리, 평화롭게 살 권리, 가족과 함께 살아갈 권리를 압도적으로 지지했다.

그저 아이들일 뿐인 그들에게는 어떤 권력도 없었지만, 콜롬비아 전체가 깜짝 놀라 귀를 기울이게 만들었다. 전쟁에 반대하는 그리고 평화를 염원하는 아이들의 생각이 중요했기 때문이다. 팔리스는 놀라웠고 굉장히 행복했지만, 그것이 단지 시작에 불과하다는 것 또한 잘 알고 있었다. 앞으로 긴 투쟁이 그들 앞에 놓여 있었다.

콜롬비아 어린이 270만 명이 50년간 지속해 온 내전을 끝낼 것을 요구한 이 놀라운 사건은 1998년 역사상 최초로 어린이들이 노벨평화상 후보로 지명되는 결과를 낳았다.

어린이 명령 투표로부터 한 달이 지나고 유니세프, 레데파즈, 납치 반대 단체 '자유의 나라'가 다음 해 지방선거에 맞춰 이루어질 '생명, 평화, 자유를 위한 시민의 명령' 투표를 지지할 것이라고 발표했다. '시민의 명령'은 콜롬비아 성인들이 '어린이 명령'을 지지하면서, 전쟁으로 벌어지는 납치와 실종, 학살과 강제 이주 따위의 잔학 행위를 거부할 것을 요구하는 투표였다.

어린이들은 어른들이 '시민의 명령' 투표에 나서도록 다시 한 번 열심히 캠페인을 벌였다. 하지만 자녀들이 '어린이 명령' 투표에 참여했는지조차 모르는 어른들도 많았다. 그리고 대부분 회의적이었다.

"왜 우리가 수고스럽게 투표를 해야 한다는 거니? 그런다고 해서 뭐가 달라진다고 그래?"

"하지만 우리 나라 상태를 좀 보세요. 무슨 일이 벌어지고 있는지 보시란 말이에요! 투표는 어른들이 노력하실 수 있는 가장 기본적인 것이에요. 평화를 위해 한마음이 되어 투표를 하시면 되니까요."

1997년 10월 26일에 거의 1천만 명에 이르는 콜롬비아 시민이 투표장으로 발걸음을 옮겼다. 투표장에는 투표용지 두 장이 있었다. 하나는 지방선거 후보자 명단이 적혀 있었고, 또 하나는 평화를 위한 투표용지였다. 정치적인 투표에는 기표를 거부한 사람들이 많았지만, 평화 투표에는 거의 모두 기표를 했다. 투표에 대규모 참여가 이루어진 것은 부분적으로는 부모들이 기권하지 못하게 막은 수많은 어린이가 재촉한 덕분이기도 했다.

1천만 명이 넘는 콜롬비아 사람들이 '시민의 명령'을 지지

했다는 소식에, 팔리스는 황홀했다. 이제 어떤 무장 단체도 평화를 이뤄 내지 못하고서는 자신들이 콜롬비아 국민을 위해 싸우고 있다고 주장할 수 없게 되었기 때문이다.

어린이들이 폭력에 반대하여 외치는 목소리가 어른들에게 용기를 북돋아 줄 수 있다는 게 증명되었다. 그 힘은 유창한 말이 지닌 설득력에 있는 게 아니었다. 그 말을 어린이들이 했다는 사실에 있었다.

"전쟁으로 자신들이 직접 피해를 입지 않는 한, 사람들은 절대 전쟁에 대해 신경 쓰지 않았어요. 하지만 우리 어린이들이 고통과 슬픔에 대해 이야기할 때, 어른들이 그것을 자기 자신이 겪은 것처럼 느끼게 되었어요."

콜롬비아에서 어린이들이 만든 평화

바나나 농장 노동자의 당찬 딸 팔리스는 어린이 평화운동의 열정 넘치는 대변인이 되었다. 팔리스는 콜롬비아 국경을 넘어 여러 나라로 다니면서 때로는 수천 명을 헤아리는 청중 앞에서, 때로는 각국 대통령과 노벨상 수상자들 앞에서 강연을 했다.

가는 곳마다 팔리스는 '어린이 명령'과 '시민의 명령' 이
야기를 들려주었다.

"나라가 매우 심각한 어려움에 빠져든 어떤 시기에는, 어
린이들이 미래에 대한 실마리를 풀 수도 있습니다."

팔리스는 어린이들에게 평화가 갖는 의미, 폭력이 갖는 의
미에 대해 이야기했다. 그리고 어린이들이 가정에서, 지역사
회에서 평화를 체험하는 것이 전쟁을 평화로 이끄는 데 얼
마나 중요한지 이야기했다.

콜롬비아의 한 인권 운동가가 한 말이다.

"우리는 이제 어린이들이 하는 말에 더욱더 귀를 기울이
고 있습니다. '어린이 명령' 투표가 성공적으로 이루어지고
나서야 우리는 어린이들이 상황을 정확히 이해하고 있다는
사실을 깨달았습니다."

'콜롬비아 어린이 평화운동'은 다른 분야로도 활성화되었
다. 1999년 1월, 지진으로 콜롬비아 서부 지역에서 25만 명
이 집을 잃게 되자, 그곳 어린이들이 상처를 이겨 내도록 돕
기 위해 자원자 150명을 파견했다.

'평화운동'은 회원 숫자가 약 10만 명에 이르고, 지원 단체
들과 광범위한 네트워크를 형성하고 있어 청소년 수천 명이
'평화 건설자'가 되었다. 이들은 갈등 해결, 관용과 차별 금

지 활동을 벌이는 다른 어린이들과 함께 일했다. 어린이 1만 명 이상이 지뢰 사고를 피하는 방법을 훈련받았고, 이를 다른 어린이들이 배울 수 있도록 도왔다. 카운슬러로서 훈련받은 어린이 수만 명이 고향에서 쫓겨난 어린이들을 지원하는 활동에 자발적으로 나선 것이다. 엄청난 지진이 아르메니아의 커피 타운을 덮쳤을 때도, 우라바 출신 젊은 카운슬러 30명이 자원하여 정신적 충격을 받은 어린이들에게 필요한 놀이 치료 방법을 아르메니아 청소년들이 훈련받을 수 있도록 도와주었다. 그리고 수많은 청소년이 가정 폭력을 줄이기 위해 부모들과 어린이들이 함께하는 활동에 자원하기도 했다. 전국적으로 인권과 평화 단체 400개를 아우르는 레데파즈 네트워크를 통해서도 어린이들은 더욱 수준 높은 활동 자세를 갖추게 되었다.

'어린이 명령' 투표가 있기 전까지, 콜롬비아에서 평화운동은 허약했고 사실상 거의 와해되어 있었다. 인권 운동가 수천 명이 암살되었거나 암살을 피해 나라 밖으로 몸을 피한 상태였고, 평화를 염원하는 국민투표 실시는 너무 어렵고 위험하여 오랫동안 미루어져 오던 계획이었다.

그때 실시된 '어린이 명령' 투표는 그 시기가 아주 적절했고, 평화운동에 용기를 불러일으켜 주었다. 1년이 지나고

'시민의 명령'이 콜롬비아인들 앞에 나타났을 때, 시민 1천만 명이 서약하겠다고 나선 것은 마치 기적과 같은 일이었다. 이전 대통령 선거가 투표장에 불러낸 시민 숫자는 불과 450만 명, 전체 유권자 가운데 25퍼센트가 채 되지 않았기 때문이다.

그 과정에서 평화는 단연 화제의 중심으로 떠오르며 차기 대통령 선거에 발판이 되었다. 그리고 1999년 5월, 평화를 의제로 들고 나선 앙드레 파스트라나가 당선되었다.

그러나 50년을 이어 온 전쟁이 금방 끝나기라도 할 것처럼 콜롬비아인들을 들뜨게 했던 희망은 그리 쉽게 다가오지 않았다. 정부와 게릴라들은 평화 회담을 향해 불안스럽게 흔들리는 행보를 이어 갔고, 학살과 암살, 납치도 계속되었다. 국민 가운데서는 좌절감이 커져 갔다.

그럼에도 '콜롬비아 어린이 평화운동'은 흔들림 없이 활동을 이어 나가 어린이들이 뿌린 평화의 씨앗들은 풍상 속에서도 싹을 피워 나갔다. 콜롬비아 어린이들은 여전히 폭력 문화를 평화 문화로 바꿔 나가기 위한 노력을 계속하고 있다. 그것이 바로 콜롬비아의 미래에 대한 최고의 희망이다.

이제는 정말로 전쟁을 없애야 할 때

팔리스와 친구들이 어린이 평화운동에 나섰을 때, 콜롬비아에서는 반세기가 넘도록 내전이 계속되고 있었다. 국토 절반을 반군 게릴라들이 통제했고, 정부군 외에도 무장한 민간인들이 반군에 맞서 싸우는 민병대로 조직되어 있었다.

1990년대 들어서만 강제로 고향을 떠나야 하는 숫자가 100만 명을 넘어섰다. 쫓겨난 사람들 70퍼센트 이상이 여성과 어린이들이었고, 도시 빈민가로 흘러든 그들은 비참한 가난에 내던져졌다. 어린이들은 가장 큰 피해자들이면서 동시에 폭력을 행사하는 가장 큰 집단이기도 했다. 열다섯 살 미만 어린이 2천 명 이상이 소년병으로 게릴라와 민병대에서 활약 중이었기 때문이다.

폭력에 둘러싸인 가운데서 팔리스와 친구들은 그들 앞에 놓인 문제들을 용기 있게 직시했고, 전국적 차원에서 문제 해결 능력을 보여 주었다. 그렇게 그들은 어린이들이 나라의 미래일 뿐 아니라 바로 현재임을 증명했다.

1999년 5월, 평화로운 21세기를 맞이하기 위한 새로운 방안을 찾고자 전 세계 100여 개 나라에서 모인 평화 활동가 1만 명이 네덜란드 헤이그에 모였다. 역사적인 헤이그 평화회의The Hague Appeal for Peace 참여자 가운데는 분쟁 중에 있는 여러 나라를 포함해 100여 개 나라에서 온 젊은이들 1,500명이 있었다. 팔리스 칼레는 '콜롬비아 어린이 평화운동'을 대표해 개막식 연설자로 그 자리에 참석했다.

팔리스는 전 세계 어른들에게 요구했다.

"다시는 우리 어린이들이 살아남을 권리를 요구하는 상황이 생겨나지 않도록 해 주세요. 그리하여 지구상에 있는 모든 어린이가 자신들에게 주어진 모든 권리를 자유롭게 누리면서 스스로 새로운 세상을 만들어 갈 기회를 갖게 되리라는 걸 알게 해 주세요."

그리고 그 자리에 참석한 여러 사회단체에 제안했다.

"더 이상 어린이가 단 한 명이라도 분쟁에 끌려 들어가지 않게 해야 합니다. 어떠한 잔학한 행위에도, 어떠한 전쟁에도 연루되지 않게 해야 합니다."

팔리스는 어린이들이 평화로운 공기를 숨 쉴 수 있는 새 천 년을 맞이할 수 있기를 간절히 기원했다.

비록 오늘날에도 마약 카르텔*들 사이에서 폭력이 계속되고 있지만, 콜롬비아인들은 이제 잠들어 있던 평화에 대한 자신들의 상상력을 깨웠다. 어린이들이 그 나라가 가야할 길을 바꾸어 놓은 것이다.

팔리스는 보고타에서 심리학을 공부하면서 과거 아동 병사로 총을 들었던 젊은이들과 전쟁으로 상처받은 어린이들의 사회 복귀 활동에 참여했다. 그리고 현재 미국에서 공공 정책을 공부하며 콜롬비아에서 평화를 위한 노력을 이어 가려는 꿈을 키우고 있다. 팔리스 칼레는 이렇게 말한다.

"어린이들은 사랑스럽고 예뻐요. 하지만 우리는 어린이들이 할 역할이 높아져야 한다는 걸 어른들에게 보여 주고 싶어요. 어른들은 어린이들이 미래라고 합니다. 하지만 우리는 현재입니다. 우리 모두가 다 함께 만들어 나가야 할 현재입니다."

그리고 덧붙인다.

"우리끼리, 우리 힘만으로 세상을 다 바꿀 수는 없습니다. 하지만 만약 내가 사람들에게 내 손 위에 여러분의 손을 모으자 하고 그렇게 조금씩 우리가 더 많은 손을 모아 간다면, 어쩌면 우리는 새로운 세상을 건설할 수 있을 거예요."

* 카르텔의 본래 뜻은 동일 업종의 기업들이 협정을 맺어 형성하는 시장 독점의 연합 형태를 말한다. 여기에서는 엄청난 이익이 창출되는 마약 산업에 형성되는 마약 범죄 조직 간 담합을 말하고 있다. 전 세계에 퍼져 있는 마약 90퍼센트가 콜롬비아 마약 카르텔을 거쳐 유통된다고 추정될 정도로 콜롬비아 마약 카르텔은 악명이 높다.

우리는 콜롬비아에서
평화운동을 하는 어린이들입니다

　무엇보다도 먼저, 세계에 평화를 이루기 위한 이번 행사가 열릴 수 있게 해 주신 여기 모인 모든 분께 뜻깊은 환영 인사를 드립니다.

　오늘 저는 제 간절한 마음을 가장 잘 표현할 수 있기를 바라며, 세계 모든 어린이에게 평화의 메시지를 전달하고 싶습니다. 나는 콜롬비아에서 왔습니다. 하지만 지금 나는 유고슬라비아, 앙골라, 소말리아, 아프가니스탄, 르완다 혹은 45년 전 암스테르담에서 왔다고 말하려고 합니다. 안타깝게도 이런 곳들이 유명한 이유는 친절한 사람들이나 멋진 자연자원 때문이 아닙니다. 바로 전쟁과 폭력 때문입니다.

　이틀 전, 암스테르담에 있는 안네 프랑크 생가를 방문했습니다. 나는 안네가 남긴 말과 안네가 받은 고통을 기억합니다. 전쟁 중에 안네는 열다섯 살이었습니다. 오늘날 수많은 어린이가 안네가 그랬듯이 고통 속에 살아가고 있습니다. 나는 콜롬비아에서 가장 폭력적인 곳, 세계에서도 가장 폭력적인 곳 가운데 하나로 꼽히는 곳에서 삽니다.

안네 프랑크처럼 제가 열다섯 살이었을 때, 그라사 마셸 여사가 우리 마을에 오셨습니다. 그분이 콜롬비아에서 일어 나는 무력 분쟁이 어린이들에게 끼치는 영향에 대한 보고서 를 준비하던 중이었기 때문이죠. 1996년 12월에 뉴욕 유엔 회관에서, 나는 다시 한 번 마셸 여사의 이야기를 경청할 수 있었습니다. 그곳에서 마셸 여사는 세상에 일어날 수 있는 비극 중 최악은 한 사회가 어린이들에게 가해지는 폭력을 정상적인 일로 받아들이는 것이라고 말했습니다.

그라사 마셸 여사가 방문하여 들려준 말들은 콜롬비아에 서 평화운동을 벌이는 우리들 뇌리에서 늘 떠나지 않고 남 아 용기를 불러일으켜 주었습니다. 콜롬비아에서 소년, 소녀 2,700명이 마셸 여사의 어머니가 돌아가신 것에 애도한 것 은 바로 그런 이유에서였습니다.

1996년 11월, 콜롬비아 소년, 소녀 270만 명이 평화와 우 리들의 권리에 관한 투표에 참여했던 것도 바로 그에 힘입 었던 것입니다. 어린이들이 한 투표가 어른들에게 본보기가 되어, 그로부터 일 년이 지나고 우리 부모님들과 선생님들, 우리 국민이 '평화·생명·자유를 위한 시민의 명령'을 내걸 고 투표에 참여했습니다. 그 투표에서 콜롬비아 국민은 전쟁 에 어린이들을 동원하는 것을 포함해 무력 분쟁을 멈출 것을 요구했습니다. 그리고 고문을 중단할 것, 더 이상 위험 속에 살아가지 않게 할 것, 더 이상 납치가 일어나지 않게 할 것, 학살도, 시민이 자기 고향에서 떠나가게 만드는 사태도 더 이상 일어나지 않게 할 것을 요구했습니다.

우리 콜롬비아 어린이들이 믿는 친구이며, 1996년 노벨 평화상 수상자인 동티모르 독립을 위해 운동한 호세 라모스 오르타는 그러한 일들에 깊이 감동했습니다. 오르타 씨는 우리 어린이들도 더 나은 세상을 만들기 위해 싸우는 이상주의자들이 될 수 있을 거라고 합니다. 그리고 그 투쟁 속에서 우리 소년, 소녀들이 최고의 자산이라고 합니다.

따라서 나는, 세계 모든 나라 정부는 어린이들이 자신들의 문제를 직접 참여하여 결정할 권리를 보장할 책임이 있다고 생각합니다.

아동권리협약 10주년을 기념하는 올해, 이곳에서 열린 오늘 이 포럼에서, 우리는 세계 모든 나라와 모든 어른에게 요구합니다.

우리의 발언권을 인정해 주세요. 우리가 하는 말을 귀담아 들어 주세요. 우리 의견에 관심을 기울여 주세요. 그리고 모든 가능한 수단으로 우리를 지원해 주세요.

우리는 요구합니다.

'세계에 평화, 우리들이 사는 나라에 평화, 우리 가정과 우리 마음속에 평화'라는 새로운 희망으로 새 천 년이 시작될 수 있게 해 주세요.

세계 모든 어린이에게 삶은 점점 더 힘겨워져 갑니다. 기술 발전에도 불구하고, 전쟁과 군대는 점점 더 복잡해져 가고 어린이들은 점점 더 죽음의 문화에 끌려 들어가고 있습니다. 비인도적인 범죄들이 어린이들에게 가해질 때면, 그것은 훨씬 더 잔인해집니다. 어쩔 수 없이 살인자가 되어야 하는 아직 어린 소년, 소녀들을 파괴하는 것은 세상 그 무엇보다 잔혹한 일입니다.

이 자리에 모인 여러분, 그리고 제 이야기에 귀를 기울이는 여러분!

지금 이 순간에도 세계 곳곳에서는 중단되어야 할 행위들이 계속되고 있다는 사실을 반드시 기억해 주셔야 합니다.

권좌에 있는 동안 권력을 남용하도록 허용하는 면책 특권 impunity을 중단해야 합니다. 고문하는 사람들의 행위를 중단해야 합니다. 어린이들의 꿈과 희망과 행복을 압살하고 있는 사람들의 행위를 중단해야 합니다.

우리 '콜롬비아 어린이 평화운동'은 지금 이 자리, 이 위대한 대회장에서 요구합니다.

다시는 우리 어린이들이 살아남을 권리를 요구하는 상황이 생겨나지 않도록 해 주세요. 그리하여 지구에 사는 모든 어린이가 자신들에게 주어진 모든 권리를 자유롭게 누리고, 스스로 새로운 세상을 만들어 갈 기회를 갖게 되리라는 걸 알게 해 주세요.

이곳에 참석한 모든 사회단체에 제안합니다.

여러분이 전 세계 소년, 소녀들을 지지하게 될 거라는 원대한 희망 속에서, 그리고 우리 어린이들이 우리들 삶에 평화를 가져오기 위해 필요한 세계적 차원에서 이루어지는 지원이 존재한다는 사실을 깨닫게 될 거라는 원대한 희망 속에서 이 저물어 가는 천 년을 마무리하자고 말입니다.

그리하여 더 이상 어린이가 단 한 명이라도 분쟁에 끌려들어가지 않게 하자고, 어떠한 잔학한 행위에도, 어떠한 전쟁에도 연루되지 않게 하자고 제안합니다. 여러분은 이해하시겠지요. 이곳에 있는 우리가 지금 하나의 언어를 만들어 내고 있다는 사실을 말입니다. 그것은 바로 사랑이라는 언어, 평화라는 언어입니다. 따라서 이 언어는 통역기를 사용할 필요가 없겠지요. 고맙습니다.

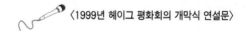 〈1999년 헤이그 평화회의 개막식 연설문〉

조금 더 알고 싶어요

콜롬비아의 잔인한 내전과 평화를 위한 노력

콜롬비아에서 전쟁은 1960년대에 시작되었습니다. 당시 게릴라 집단들은 경제적 불안정, 높은 실업률, 국민전선 정부의 권력 나눠 먹기에 대한 환멸 속에서 등장했습니다. 국민 해방군ELN과 콜롬비아 혁명군FARC은 둘 다 오랜 역사를 가진 게릴라 집단입니다. 이들이 50년 가까이 지속한 잔인한 싸움으로, 30만 명이 목숨을 잃었습니다.

그러다 1970년대 마약 밀매의 성장과 1980년대 민병대가 부상하면서, 1990년대 내내 경쟁이 격화되었습니다. 지주들을 위한 '자위대'로 시작된 민병대는 콜롬비아와 미국 정부 양쪽에서 제공하는 훈련과 장비로 순식간에 가장 폭력적이고 학대를 일삼는 무장 세력이 되었지요. 농업, 석유, 광물자원과 무기 거래에 더하여 마약류까지, 나라의 정치적, 사회적 목표보다는 영역 확장 욕구가 민병대와 게릴라 양쪽의 가장 큰 이해관계가 되었습니다. 그래서 1980년대와 1990년대 내내 평화협정을 맺고 마약 거래를 중단하기 위해 정부가 행한 시도들은 실패로 끝나고 말았습니다.

이제 폭력, 협박, 추방 그리고 콜롬비아 사회구조 전반에서 일어나는 붕괴에 직면하여, 1990년대 중반부터 시민이 평화를 위한 노력에 나서기 시작했습니다. 콜롬비아에서 처음 평화운동에 관심을 집중시킨 사건은 1996년 '콜롬비아 어린이 평화운동'이 벌인 전국 투표였습니다. 어린이 270만 명이 자신들의 평화에 대한 권리에 투표를 했고, 이어 1997년에 시민 1천만 명이 '평화, 생명, 자유를 위한 시민의 명령'에 투표했습니다. 그 후 1999년에는 전쟁을 끝낼 것을 촉구하며 800개 도시에서 500만 명이 나선 전국적 시위를 비롯하여 대규모 평화운동이 지속되었습니다.

또한, 1997년부터 콜롬비아에서 가장 폭력적인 지역들에서 자신들의 군관구를 중립지대로 선포한 평화 공동체 운동이 시작되었습니다. 공동체 안에 어떠한 무장 세력도 머무르지 말 것, 주민에게는 분쟁의 어느 쪽과도 유대나 제휴의 손을 잡지 말 것을 주장하는 공동체들이 점점 늘어 갔습니다.

전쟁이 완전히 끝나지는 않았지만, '콜롬비아 시민사회 평화운동'은 장기적 승리를 위해 작지만 쉬지 않는 걸음을 계속하고 있답니다.

'콜롬비아 어린이 평화운동'을 이끈 팔리스의 친구들

후안 엘리아스 우리베

후안의 아버지는 의사였습니다. 살인 행위가 만연한 현실에 반대하여 목소리를 높이던 아버지는 살해당했습니다. 그 전까지 후안은 폭력이 미치는 결과를 실감하지 못했습니다. 이제 후안은 콜롬비아에서 쫓겨난 150만 명의 대열에 합류해 새로운 삶을 찾아 나서게 되었습니다.

후안은 아버지가 살해되고 얼마 동안 평화운동에서 물러설까 하는 생각을 하기도 했지만, 평화에 관한 믿음을 심어 준 사람이 바로 아버지였기에 그 믿음을 계속 지켜 나가기로 결심했습니다. 이제 스스로 평화를 향한 여정에 나서는 후안을 막을 수 있는 건 아무것도 없었습니다.

메이얼리 산체스

메이얼리는 콜롬비아의 한 갱단에 의해 가장 친한 친구 밀턴을 잃었습니다. 밀턴과는 아주 절친한 사이였기에, 그 사건은 메이얼리에게 큰 영향을 미쳤지요. 그때 메이얼리는 어른들로부터 시작된 문제점들에 대해 해결책을 찾으려는 노력을 어린이들이 해야 한다는 생각을 하게 되었습니다. 메이얼리는 말합니다. "평화는 우리들의 가정에서 시작됩니다. 우리가 집안에 평화를 만들지 못하면서, 사회에서 평화를 널리 퍼뜨릴 수는 없습니다."

딜라 로렌조

딜라는 아동 청소년들이 처한 상황을 개선하고 폭력이 고조되는 것을 막고 싶었습니다.

"두려워만 한다고 뭐가 좋아지겠어? 우리는 선택할 수 있어. 참을 만큼 참았어. 우린 더 이상 받아들이고 있을 수만은 없어. 우리는 변화를 요구해야 해."

딜라는 학교에서 자신이 진행하는 라디오 프로그램을 평화의 도구로 삼았습니다. 폭력을 벗어나 살아가는 콜롬비아의 사랑스러운 얼굴을 바깥에 있는 다른 세계에 보여 주고자 했습니다.

윌프리도 잠브라노

팔리스처럼 윌프리도 역시 거리에서 시체들을 볼 수 있는, 콜롬비아에서 가장 폭력적인 곳 아파르타도 출신입니다. 윌프리도는 그를 살해하겠다는 협박 때문에 아무도 모르는 곳으로 옮겨 다녀야 했습니다. 그러면서도 폭력 속에서 폭력을 배우고 자란 윌프리도는 평화를 향한 길을 걷는 쪽을 택했습니다. 현재 놀이 치료사가 된 윌프리도는 양말로 만든 작은 인형들을 이용해 아이들에게 상처와 원한을 내려놓는 법을 가르치고 있답니다.

콜롬비아에서 어린이 평화운동이 가진 특별한 힘

어린이들이 이야기하는 슬픔과 고통

콜롬비아 어린이들이 평화를 위해 적극적으로 활동하는 모습 속에서 어린이들이 폭력에 반대하여 외치는 목소리가 어른들에게 용기를 북돋아 준다는 사실이 증명되었습니다. 어린이들이 전하는 말이 유창하고 설득력이 강해서가 아니었습니다. 그 말을 어린이들이 했다는 사실, 그것이 가진 힘이었습니다.

어느 쪽도 편들지 않는다

전쟁에 반대한다는 주장을 공공연하게 한다는 건 콜롬비아에서는 위험을 초래하는 일이 될 수 있었습니다. 인권 운동가들과 평화 활동가들은 번번이 무장 세력의 표적이 되곤 했습니다. 평화운동에 참여하는 어린이들 역시 마찬가지로 위험을 감수해야 했지요. 팔리스 칼레는 이렇게 말합니다.

"우리는 무장 세력들 어느 쪽도 비난하지 않습니다. 평화운동에 참여하는 모든 어린이는 이것을 아주 잘 알고 있습니다. 만약 우리가 그들을 비난한다면 곧바로 그들의 목표물이 될 수 있으니까요. 우리는 늘 폭력을 비난하지만, 그것이 어느 쪽 책임인지는 알지 못합니다. 우리는 전혀 모르는 일입니다."

그런 운동 방식만이 그들을 보호해 주었을 뿐 아니라, 어린이 운동이 살아남고 성장하는 데 결정적으로 중요한 중립성을 유지할 수 있게 해 주었습니다.

국내외 NGO의 적극적 지원과 중립성

'콜롬비아 어린이 평화운동'이 내는 추진력은 젊은이들의 에너지와 비전에서 나왔답니다. 하지만 빼놓을 수 없는 한 가지가 더 있습니다. 그것은 유니세프와 같은 국제기구들, 그리고 레데파즈와 같은 콜롬비아 내 NGO들이 사상 유례가 없을 정도로 보내온 지원입니다. 아동 권리 보장을 기본 원칙으로 수용하고 있는 이 단체들이 어린이 평화운동을 지원할 태세를 갖추고 있었습니다.

잔혹한 폭력적 분쟁이라는 배경 속에서, 어린이 운동과 지원 단체들이 성공적으로 연대할 수 있었던 건 지원 단체들이 일반적으로 분쟁 속에서 중립적 입장을 견지한다고 인식되었기 때문이었습니다.

NGO에서 활동하는 어른들의 관점 또한 대단히 중요했습니다. 그들은 어린이들과 파트너를 이루며 어린이들과 함께 일해 나가는 방법을, 그리고 어린이들의 진정한 참여를 증진할 수 있는 환경을 창출하는 방법을 지속적으로 배우고 익혀 나갔습니다.

아동권리협약

아동권리협약이 없었더라면, 콜롬비아에서 일어난 어린이 평화운동은 절대 그 같은 성과를 이루어 내지 못했을 것입니다. 아동권리협약 덕분에 어린이 평화운동은 세상을 바꿔 낼 수 있는 '어린이들의 권리'가 지닌 힘과 잠재력을 보여 준 역사상 가장 의미심장한 사례로 남을 수 있게 되었습니다. 아동권리협약을 든든한 배경으로 삼게 된 덕분에 콜롬비아 어린이와 청소년들은 아동 권리 보장을 위한 세계적 운동 안에서 유리한 지점에 새롭게 설 수 있었습니다.

고칠 방법을 모른다면
지구를 그만 망가뜨리세요

세번 스즈키

레모네이드를 팔아 숲을 지킨 소녀

캐나다 브리티시콜롬비아 주 밴쿠버 바닷가 마을. 집 앞에서 바삐 움직이고 있는 귀여운 꼬마 소녀가 눈에 띈다. 소녀는 여러 차례 집을 들락거리며 물건들을 들고 나왔다. 아마도 집 앞에 책을 파는 노점을 차리는 듯 보였다. 곧이어 동네 사람들이 하나둘 모여들기 시작하더니, 어느새 소녀가 사는 집 앞은 마치 장이 선 것처럼 소란스러워졌다.

모두 그 소녀가 누구인지 잘 알고 있었다. 얼마 전에도 '동물들을 구합시다!'라고 쓴 팻말을 들고 세발자전거를 타거나 혹은 그냥 따라 걷는 또래 꼬마 친구들을 이끌고 동네를 한 바퀴 돌던 소녀를 떠올리는 사람들이 슬그머니 미소를 지었다.

소녀 이름은 세번 컬리스 스즈키, 일곱 살 유치원생이었다. 사람들이 레모네이드를 한 잔씩 마실 때마다 '쨍그랑' 소리와 함께 모금함에 동전이 쌓였다. 한 권에 25센트씩 파는 책들도 어느새 사람들 손에 꽤 많이 들려 나갔다.

무엇이 어린 세번으로 하여금 레모네이드와 책을 팔겠다고 나서게 했을까?

자연과 인간의 조화로운 삶을 추구하는 엄마와 아빠 사이에서 1979년에 태어난 세번 컬리스 스즈키는 자연에 대한 끊임없는 호기심을 북돋아 주는 분위기에서 자랐다. 2세대 일본계 캐나다인인 아빠 데이비드 스즈키는 과학자이자 환경 운동가였고, 엄마 타라 컬리스는 하버드 대학에서 강의하는 한편, 스즈키 재단을 세워 환경에 대한 관심을 실천에 옮기고 있었다.

엄마와 아빠뿐만이 아니었다. 세번은 할머니와 할아버지에게서도 자연과 지구에 대한 사랑과 지식을 나누어 받았다. 밴쿠버 바닷가에서 자라난 삶은 세번에게 해변에 사는 식물이나 야생동물들, 혹은 파도를 타고 밀려 올라오는 바다 생명체들에 대해 알아 나갈 기회를 열어 주었다. 환경에 대한 세번의 열정은 할아버지, 할머니와 함께했던 바로 그 어릴

적 바닷가에서 시작되었다.

세번이 엄마와 아빠로부터 많은 것을 선물로 받았다는 건 분명해 보인다. 하지만 그중에서도 세번이 가장 소중하게 여기는 게 있다. 바로 자신이 존중받는다는 느낌이었다.

"어려서부터 여행을 많이 했어요. 덕분에 많은 걸 배울 수 있었고, 또 다양한 것을 접할 기회가 주어졌어요. 이 모든 것이 다 대단하게 느껴집니다. 그리고 부모님은 내가 아주 어렸을 때부터 늘 내게 귀를 기울여 주셨어요. 어렸을 때부터 부모님이 날 존중해 주고 내 말을 진지하게 받아들이셨던 것, 그것이야말로 제가 받은 가장 큰 선물이지요. 그게 바로 진짜 선물이에요."

아마존 우림 속 시간이 천천히 흐르는 곳

그 시절, 놀라운 체험들이 세번을 기다리고 있었다. 그중 하나가 아마존과의 만남이었다.

세번이 여덟 살 되던 해, 세번의 부모는 아마존 우림의 파괴를 막기 위해 노력하고 있었다. 아빠 데이비드는 아예 브라질에 들어가 일하고 있었다.

당시 브라질 정부는 아마존 강에 거대한 수력발전 댐을 건설하려는 계획을 세워 놓고 있었다. 그런데 그 댐이 건설되면 우림 수천 헥타르는 물론이고 원주민 부족들이 살고 있는 마을들이 물속으로 사라지게 될 참이었다. 아마존에 사는 대다수 부족과 수많은 마을이 어찌할 바를 몰라 당황하고 있을 때 댐을 저지할 계획을 세우고 행동에 나선 사람이 있었다. 그는 아마존 강 하류에 사는 카야포 부족 추장 파야칸이었다.

우림 속에서 평생을 살아온 파야칸은 놀라운 사람이었다. 혼자서 아마존 바깥 세계로 여행에 나서는 용기와 지혜를 갖추었던 파야칸은 브라질 공식 언어인 포르투갈어를 혼자 힘으로 익혀 읽고 쓸 수 있게 되었고, 그 덕분에 정부가 계획 중이던 댐 건설에 관한 정보를 일찌감치 알 수 있었다.

파야칸은 댐이 건설되는 것을 막기 위해서는 모든 부족이 다 함께 모여 큰 집회를 열어 정부에 저항해야 한다는 걸 깨달았다. 그리고 그 시점에 세번의 부모들이 그 일에 참여하고 있었다.

수백 개 부족이 파야칸 추장을 중심으로 한데 모여 정부에 저항하고 나서면서, 마침내 정부가 계획한 댐 건설은 수포로 돌아갔다. 세계은행이 제공하기로 되어 있던 댐 건설에 필요한 기금이 전면 철회되면서, 누구도 장담할 수 없었던 싸움에서 원주민 부족 연합체가 승리를 거둔 것이다. 놀라운 성공이었다. 불가능한 일이 일어난 거나 다름없었다.

그런데 문제가 생겼다. 투쟁에서 승리하고부터 파야칸 추장이 살해 위협을 받기 시작한 것이다. 아마존 열대우림을 지키고자 투쟁하던 브라질 환경 운동가 치코 멘데스가 협박 끝에 암살당한 것도 비슷한 시기에 일어난 일이었다. 협박이 계속되자, 파야칸 추장은 아내와 세 아이를 데리고 잠시만이라도 브라질을 떠나 있기로 했다.

그때 파야칸이 머무르기로 한 곳이 캐나다 밴쿠버에 있는 세번 가족 집이었다. 학교에 가야 해서 추장 가족들과 종일 함께 지낼 수 없다는 게 세번으로서는 안타깝기만 했다.

세번의 집 지하층에서 추장 가족은 6주간 지내기로 했다. 함께 생활하기로 한 첫날, 네 살과 다섯 살이던 파야칸의 어린 두 딸이 화덕을 만들었다. 아이들이 불장난하며 노는 것을 처음 본 세번 가족은 깜짝 놀랐다. 하지만 파야칸 가족이 떠나온 곳이 어디던가. 그들이 그곳에 오기 직전까지 바닥이 진흙으로 된 집에서 살다온 걸 생각하면 그것은 그저 자연스러울 뿐이었다. 세번 가족은 곧 그들이 생활하는 방식을 즐겁게 따라 하기 시작했다.

카야포 부족 아이들과 여인들은 머리 가운데를 정수리 부분까지 시원하게 미는 풍습이 있었다. 추장의 아이들도 그랬다. 마치 작은 매처럼 보이는 멋진 머리 모양이었는데, 말하자면 어린 두 소녀가 그 시절 캐나다에서 유행하던 펑크 머리 스타일을 한 셈이었다. 집에 놀러온 세번의 친구들 눈에 굉장히 멋져 보인 그 머리 모양은 아이들에게 큰 부러움을 샀다. 유치원에 다니던 세번의 여동생은 자기도 따라 하겠다며 엄마를 졸라 댔다.

파야칸의 가족은 바다에 나가 고래를 처음 보았다. 그들에게는 바다도, 눈도 다 처음이었다. 아이들이 고래를 얼마나 좋아했던지, 무려 열세 번이나 보러 갔다.

데이비드는 파야칸 추장이 그곳에 머무는 동안 브리티시콜롬비아의 여러 시민 단체 사람들을 만났고, 그중 북미 인디언들과도 여러 차례 만남을 마련했다. 파야칸 추장은 브리티시콜롬비아에 사는 북아메리카 인디언들이 생활하는 공동주택과 생선 훈제실을 함께 둘러보는 기회도 가졌다. 아주 먼 곳에서 왔지만, 함께 만나 이야기를 나누는 사이 그들은 환경문제에 깊은 공감대를 형성할 수 있었다. 자신들의 삶의 터전을 둘러싸고 있는 환경이 약간의 차이는 있을지언정 근본적으로 다르지 않았기 때문이다.

마침내 약속한 6주가 흘러 헤어져야 할 시간이 왔을 때, 두 가족은 몹시 아쉬워했다. 파야칸 추장이 떠나면서 세번의 가족에게 말했다.

"당신들이 우리를 초청해 줬으니, 이번에는 우리가 초청하겠습니다. 오크리 마을에 있는 우리 집에 와서 머물다 가기를 바랍니다."

다음 해 여름, 세번은 부모님과 여동생과 함께 아마존 강 하류 오크리에 위치한 작은 마을을 방문하게 되었다. 남아메리카의 브라질로, 아마존 강을 따라간 여정은 눈에 보이는 모든 게 다 숲이었다. 그곳이 지구의 허파 아마존 열대우림이었다.

주민 200~300명이 사는 오크리 마을로 들어가는 길은 두 가지였다. 하나는 비행기를 타고 울창한 숲 사이로 보일 듯 말 듯한 아주 작은 활주로에 내리는 방법이었고, 다른 하나는 마을에서 가장 가까운 문명 세계에서 여드레 동안 노를 저어 마을 오른쪽 강가에 닿는 방법이었다. 세번의 가족은 비행기를 택했다.

도착하고 며칠 지나지 않아, 마을에서는 여인들에게 고마워하고, 그들의 다산을 축하하는 '여인들의 축제'가 사흘간 열렸다. 축제 내내 쉬지 않고 춤을 추는 행사로 춤추는 시간이 날마다 점점 더 길어졌는데, 세번은 축제에 완전히 빠져들었다. 또 세번은 결핵으로 죽은 노인을 보내는 부족의 감동적인 장례식을 목격하기도 했고, 마을 남자들이 아기를 업을 고리와 깃털로 머리 장식을 짜는 모습을 지켜보는 일도 즐거워했다. 오크리 마을은 세번에게 천천히 생각하고 놀고 관찰하며 배우는 넉넉한 시간을 보내게 해 주었다.

아마존에서는 모든 삶이 강에 뿌리를 두고 있었다. 하루는 파야칸 추장이 세번 가족을 데리고 꼬박 하루가 걸리는 고기잡이 여행에 나섰다. 파야칸 추장이 물고기를 잡는 법은 놀랄 만큼 다양했다. 강을 따라 끝도 없이 흘러가며, 특정한 구역에 닿을 때마다 파야칸 추장은 각기 다른 방법으로 물고기를 잡았다. 돌아오는 길에는 작은 뗏목을 타고 강을 헤엄쳐 다니는 수없이 많은 종류의 물고기들을 만났다.

세번의 가족은 오크리 마을 사람들과 같이 아침 식사로 바나나와 구아바 열매, 지난밤에 먹고 남은 음식들과 샘에서 나는 맑은 물을 마셨다. 세번은 아이들과 여인네들이 피아우라는 맛있는 물고기를 잡는 동안, 그 강에서 수영하면서 사람들과 허물없이 친해지는 시간을 보냈다.

세번의 가족은 날마다 과일이나 먹을 만한 것들을 따러 숲 속 깊이 들어가는 탐사에 나섰다. 물고기나 거북 알, 설치

류 중에 남미에서 가장 덩치가 크다는 카피바라를 찾아 마상이 - 작은 통나무배 - 를 타고 강을 거슬러 올랐다.

수도도 없고 전기도 없는 오크리 마을에서 시간은 천천히 느긋하게 흘러갔다.

파야칸 추장이 말했다.

"나는 숲과 이 지구가 살아 있다는 사실을 소중히 기억했다가, 그것을 잃어버린 채 살고 있는 당신들에게 되돌려 주려고 합니다."

그곳에 머무는 동안 세번은 자신과 환경이 맺고 있는 관계에 대해 곰곰이 생각해 보게 되었다. 그리고 필요한 모든 것을 슈퍼마켓에 가서 구하는 자신을 비롯한 북아메리카 친구들은 이곳 사람들과 달리 자신들이 먹고 있는 것들과 완전히 단절된 채 살아가고 있다는 걸 깨달았다.

카야포 친구들을 살리기 위해

아마존 열대우림을 찾아간 경험은 세번에게 강한 인상을 남겼다. 카야포 부족민의 삶은 새로운 감동이었다. 집으로 데려다 줄 비행기가 아마존 숲을 뚫고 떠올랐을 때, 세번은 카야포 부족이 살아가는 소중한 숲 속 보금자리를 내려다볼 수 있었다.

그리고 바로 그 순간, 세번의 삶을 바꿔 놓을 또 다른 풍경이 눈에 들어왔다. 숲이 불타오르고 있었다. 무시무시한 벌채가 숲을 집어삼키고 있었다. 그뿐이 아니었다. 광산에서 나온 독성 폐기물이 강으로 흘러드는 모습, 공기를 더럽히는 자욱한 연기가 시커멓게 피어오르는 모습에 세번은 숨이 막힐 것 같았다. 자욱한 연기가 그들이 탄 비행기 위로도 뻗어 올라 태양을 제대로 볼 수조차 없게 했다.

그런 파괴 행위가 낳은 결과물들이 카야포 친구들을 향해 서서히 나아가고 있었다.

"이제 막 존재한다는 것을 알게 된 믿을 수 없을 만큼 놀랍고 멋진 세계가 불타오르고 있었어요."

세번에게 그것은 인생의 방향을 가르는 결정적 순간이었다. 환경을 지키겠다는 열정에 불을 댕긴 사건이었다. 자신이 뭔가 해야겠다고 세번은 마음속으로 굳게 결심했다.

캐나다로 돌아온 세번은 학교 친구들에게 카야포 친구들에 대해 이야기했다. 그리고 그들이 살아가는 소중한 세계가 지금 파괴되고 있다는 사실을 알려 주고, 카야포 친구들이 보내 준 편지들을 보여 주었다.

세번과 친구들은 어린이 환경 클럽Ecological Children Organization '에코'를 만들어 활동을 시작하기로 했다. 아홉 살짜리 소녀들은 함께 공부를 했고, 모임을 가지며 토론을 했다. 그리고 친구들과 부모님들, 선생님들에게도 환경문제에 대해 이야기했다.

세번과 친구들은 어른들이 엉망진창으로 만들어 가는 지구가 미래에 자신들이 살아갈 세상이라는 걸 알리고 망가져 가는 지구를 지키기 위해 작은 일이라도 스스로 해야겠다고 생각했다. 이를 위해 정기간행물을 발행했는데, 그 일은 아이들에게 굉장한 즐거움이었다.

또한, 지역사회에서 활동하는 NGO들을 만나게 되면서 소녀들은 혼자서 할 수 있는 것보다 그룹으로 모이면 훨씬 많은 것을 이룰 수 있다는 것을 알게 되었다. 특히, 고등학생들로 이루어진 네트워크인 '청년환경연합EYA' 회원들에게 많은 도움을 받았다. 덕분에 에코는 세 가지 신문을 발행해 밴쿠버 시내에 있는 여러 초등학교에 보내 줄 수 있었다.

한편, 에코는 말레이시아 원주민 부족을 후원하는 일도 했다. 말레이시아에서 온 원주민 활동가는 강연을 통해 카야포 부족이 자기네 땅에서 밀려날 뻔했던 상황과 흡사하게 자기네 원주민 부족이 보금자리에서 쫓겨나고 있는 현실을 들려

주었다. 그들이 사는 말레이시아 숲에서는 마실 수도, 음식을 만들 수도, 들어가 목욕할 수도 없을 만큼 물이 오염되어 가고 있었다.

강연회에 참석했던 에코 회원들은 빵과 과자를 구워 팔기로 했다. 에코를 상징하는 도마뱀 장신구도 만들어 자선 행사에서 함께 판매했다. 그리고 소녀들은 모아진 돈으로 여과기를 구매해 말레이시아에 보냈다.

에코가 참여하는 여러 활동은 자연스럽게 환경에 관심을 갖고 활동하는 다른 나라, 다른 지역 젊은이들과 연결해 주었다. 그리고 그들과 교류하여 접하게 된 세계 곳곳에서 들려오는 걱정스러운 소식들은 소녀들을 더욱 분발하게 했다.

리우로 가자!

에코가 활동을 시작한 지 2년이 지난 1991년 어느 날, 조만간 규모가 대단히 큰 세계적인 회의가 열릴 거라는 이야기가 들려왔다. 유엔이 주최하는 환경과 개발에 관한 회의였다. 다음 해 6월 브라질 리우데자네이루에서 각 나라 수장들이 모인 가운데 무려 12일 동안 이어질 거라는 그 회의에는

전 세계 환경 운동가들과 정치인들도 대대적으로 참석할 예
정이었다.

20세기를 10년도 남겨 놓지 않은 시점에서 역사상 최대
규모로 미래 환경 문제를 다루는 회의가 진행될 거라는 소
식을 들은 세번은 생각했다.

'나이 든 그 많은 사람끼리 한자리에 둘러앉아서 우리 미
래에 대해 토론을 벌인다고?'

그때 세번은 반짝이는 아이디어를 떠올렸다.

어른들이 왜 그 회의장에 모이는지, 누군가가 그들을 일깨
워 줄 수 있어야 했다. 소녀들은 일제히 외쳤다.

"우리가 가야 해. 멋진 계획이잖아?"

소녀들은 미래 세대를 대표하여 회의장에 모인 그 사람들
에게 뭔가 영향을 미치고 싶다고 생각했다.

"너희들 제정신이야?"

세번과 친구들이 그 생각을 전했을 때 부모님들이 보인
첫 반응이었다.

"너희는 꼬마 애들이야. 그건 전 세계에서 3만 명이나 참
석하는 회의란 말이야."

그래도 해 볼 만한 가치가 있다는 생각을 떨칠 수 없어,
소녀들은 친구들과 부모님들 그리고 친구의 부모님들께도

조언을 구했다.

아이들이 계속 진지하게 고민하자 한동안 옆에서 지켜보던 세번의 엄마가 돕겠다고 나서 주었다. 에코는 회의 일정 가운데 글로벌 포럼에 신청서를 냈다. 그것은 대회장에 설치될 600개 부스 중 하나를 할당받게 된다는 의미였다. 다행히 신청이 받아들여져, 세번을 포함한 에코 회원 네 사람, 세번의 여동생과 부모님 그리고 다른 어른 두 명이 함께 가는 여행 준비가 시작되었다.

가장 큰 문제는 비행기 표를 어떻게 마련할 것인가가 문제였다. 밴쿠버에서 리우데자네이루로 가려면 꽤 많은 돈이 필요했다.

세번은 이미 일곱 살 때 스테인 밸리*를 지키기 위해 레모네이드와 책을 판 적이 있고, 말레이시아로 보낼 여과기를 구매하기 위해 장신구와 컵케이크를 판매한 경험에다, 신문을 발행할 돈을 모으기 위해 지역 NGO와 함께 일을 하기도 했었다. 이제 세번은 친구들과 함께 브라질로 가기 위해 훨씬 더 큰돈을 모아야 한다.

---

* 브리티시콜롬비아 주 스테인 밸리 숲에 대한 벌목 허가권을 거대 벌목 회사들이 따내면서 수백 년 된 울창한 원시림이 사라질 위기에 처하자, 숲 지키기 운동이 1985년부터 본격적으로 시작되었다.

다시 한 번 그들은 빵과 과자를 파는 자선 행사를 열었다. 도마뱀 브로치를 비롯한 장신구들을 만들었다. 그리고 자신들이 왜 브라질에 가야 하며, 가서 무엇을 할 것인지 설명하는 연설을 준비하고 슬라이드를 제작한 다음, 모금 행사를 열었다. 에코는 밴쿠버 천문관에서 열린 행사에서 하룻밤에 4,700달러를 모았다. 뒤이어 기부금들도 들어와 여행에 필요한 경비 2만 6천 달러를 모으는 데 성공했다.

특히, 연설을 하고 기금을 모으고 행사 계획을 짜고 의제를 만드는 방법에 관해서는 그동안 지역에서 함께 일해 온 NGO들인 청년환경연합과 밴시티(신용조합)가 큰 도움이 되어 주었다.

마침내 도착한 브라질에서 눈에 들어온 광경은 한마디로 믿을 수 없을 만큼 놀라웠다. 소녀들은 상상할 수 없었던 가난과 오염을 보았다. 한때 세계에서 가장 아름답다고 알려졌던 해변은 지저분하기 짝이 없었고 악취까지 풍기고 있었다. 브라질 아이들은 판지를 깔고 덮은 채 거리에서 살고 있었다. 회의장 바깥에서 맞닥뜨린 광경은 세번과 친구들에게 풍족한 북아메리카에서 살아가는 자신들을 돌아보게 했다.

'다른 곳에서 사람들이 굶주리고 있는데, 어떻게 그토록 많은 사람이 자신들이 필요한 것에 비해 터무니없이 많이

가지고, 어떻게 그토록 많은 낭비를 할 수 있는 것일까?'

글로벌 포럼에 NGO로 등록한 에코는 회의장에 한 부스를 할당받았다. 소녀들은 모두 영어와 프랑스어를 할 줄 알았고, 세번은 브라질에서 쓰는 포르투갈어도 조금 할 줄 알았으므로 거의 모든 사람과 대화가 가능했다.

아이들은 날마다 부스를 열어 캐나다에서 미리 만들어 온 자료들을 나누어 주고 부스를 찾아오는 사람들과 열심히 대화를 나누었다. 세계적인 미디어들이 에코 부스에 관심을 갖고 모여들었으며, 많은 사람이 찾아오기 시작했다.

'도대체 왜 이 아이들이 여기에 와 있는 거지? 어른들만 모이는 이 큰 회의에 말이야.'

그들이 너무 어리다는 사실이 궁금증과 호기심을 불러일으켰고, 차츰 사람들이 자신들이 여는 작은 행사들에 에코를 초청하기 시작했다. 소녀들은 가는 곳마다 5분짜리 짧은 연설을 통해 자신들이 왜 이곳에 와 있는지를 전달했다.

에코가 열심히 2주일간 활동을 마친 후 폐막식만 남기고 모든 행사가 끝났을 때, 유엔에서 전화가 걸려왔다.

세상 모든 어른에게 묻습니다

"앞으로 한 시간 후, 세계 지도자들에게 이야기할 기회가 주어졌어. 5분이 주어질 거야. 가능하니?"

아이들은 그 도시를 막 떠나려던 참이었다. 그동안 최선을 다해 메시지를 전하고 여기저기에서 초청받아 5분 연설을 하면서 자신들의 생각을 알렸기에, 이제 할 일을 다했다고 생각했다. 그리고 막 비행기를 타러 가려던 참에 전화가 걸려온 것이다. 내용을 전달받은 아이들은 잠시도 고민하지 않고 바로 결심했다.

"비행기 시간은 포기하자. 가자!"

아이들은 곧바로 택시를 잡아탔고, 브라질 택시 기사가 무지막지하게 모는 택시 뒷좌석에서 세번은 급히 연설문 원고를 써 내려가기 시작했다.

폐막식은 이미 진행되고 있었다. 커다란 기관총을 든 채 회의장을 지키고 서 있던 보안 요원이 아이들에게 길을 열어 주었다.

생애 최초로 유엔에서 연설을 하기 직전, 세번은 불안해할 시간조차 없었다. 그리고 '세계를 침묵시킨 7분의 연설'로 역사에 남겨질 폐막식 연설을 하게 되었다.

"안녕하세요. 저는 세번 컬리스 스즈키입니다. 저는 에코를 대표하여 이 자리에 섰습니다."

세번은 회의장을 가득 메운 사람들을 둘러보았다. 전 세계에서 온 각국 정상들이 연단에 선 작은 소녀를 주목하고 있었다. 모두 최고의 영향력을 가지고 있는 사람들이었다. 하지만 두려움 대신 왠지 몸이 가벼워지는 느낌이었다.

세번은 자신이 미래를 위해 싸우는 어린이이고, 앞으로 올 모든 세대를 위해 이 자리에 섰다고 말하고 나서 지구에 일어나고 있는 환경문제를 조목조목 짚었다. 회의장은 침묵으로 고요했다.

"저는 어린아이일 뿐이고, 따라서 해결책을 가지고 있지 않습니다. 여러분은 과연 해결책을 가지고 계신지, 저는 묻고 싶습니다."

세번의 목소리가 조금씩 커져 갔다.

"여러분이 고칠 방법을 모른다면, 제발 지구를 그만 망가뜨리길 바랍니다!"

모두 세번에게서 잠시도 눈을 떼지 못했다. 작은 소녀의 발언이라기에는 매우 강렬했고, 아주 감동적이었다.

"저희 아빠는 항상 말씀하십니다. '너의 말이 아니라, 행동이 진짜 너를 만든단다.' 하지만 여러분이 보여 주고 있는 행동들은 밤마다 저를 울게 합니다. 여러분은 항상 우리를 사랑한다고 말합니다. 저는 이 자리에서 여러분에게 호소합니다. 제발 우리 바람이 여러분이 하려는 행동에 반영되도록 노력해 주십시오."

회의장에 앉아 있던 어른들이 그만 놀라 할 말을 잃었다. 어른들이 만들어 가는 세상에 대해, 아이들이 물려받게 될 세상에 대해 아이들이 말하는 걸 듣게 되리라는 건 생각지도 못한 일이었던 것이다.

세번의 연설은 강렬했고 솔직했다. 하지만 가장 중요한 건, 어린이의 입장에서 어린이가 한 연설이라는 것이다.

열렬한 박수갈채가 쏟아졌고, 수많은 어른이 눈물을 글썽였다. 심지어 세번과 친구들을 회의장에 들여보내 주었던 보안 요원들조차 울고 있었다.

많은 사람이 세번의 연설을 마음에 새겼다. 지구정상회의에 관한 유엔의 공식 필름은 세번의 연설로 마무리했다. 이로써 세번과 에코의 메시지가 전 세계에 전달되었다.

진짜 변화는 국제회의에서 이루어지지 않습니다

"10년 전 나는 국제회의에서 7분간 연설을 했고, 기립 박수를 받았습니다. 대표들 중에는 심지어 우는 분도 계셨습니다. 내 마음이 그 사람들에게 가 닿았다는 느낌이 들었고, 내 연설이 실제로 그들 행동에 박차를 가하게 될 것 같았습니다. 리우 정상회의가 있고 나서 10년이 흘렀고, 그 사이 수많은 국제회의에 참석했습니다. 하지만 지금 어떤 성과들이 이루어졌는지 모르겠어요. 그때 이후 지금까지 시간은 힘을 가진 사람들에 대한 신뢰와 한 개인이 낸 목소리가 그들에게 가 닿을 힘이 있다는 믿음이 심각하게 훼손되어 온 과정일 뿐이었습니다. 하지만 배운 것도 있습니다. 우리 지도자들에게 연설하는 것만으로는 절대 충분치 않다는 사실입니다. 오래전 간디가 '우리는 우리가 보고자 하는 바로 그 변화가 되어야 합니다.'라고 말했듯이, 나는 변화가 가능하다는 것을 압니다. 나 자신이 변화하고 있기 때문이고, 지금도 나는 내 삶을 어떻게 살아갈지 스스로 결정하고 있기 때문입니다. 도전한다는 건 여전히 멋진 일입니다."

리우 정상회의 이후 10년이 지난 2002년에 세번은 이렇게 말하고 있었다.

리우에서 감동적인 연설을 하고 나서 세번에게는 수많은 국제회의에 참석할 기회가 주어졌고, 세계적으로 영향력을 가진 사람들과 만나 그들에게 자신의 생각을 이야기할 수 있는 흔치 않은 행운이 따라 주었다.

세번은 공부를 계속하면서 지구에 대한, 그 안에 사는 생명에 대한 열정을 온 세계 청중과 나누었다. 그리고 리우 정상회의 결과가 세계 환경 계획에 어떻게 드러나는지 기대를 갖고 지켜보았다. 하지만 안타깝게도 끝내 결과는 나타나지 않았다. 세번은 실망을 감추지 않았다.

"세계 지도자들에게 이야기하는 것이 변화를 가져올 줄 알았습니다. 그러나 진정한 변화는 위에서 나오는 게 아니라는 걸 깨달았어요. 정치인들은 그것이 자신들에게 책임 문제로 다가왔을 때 반응할 뿐이지, 뭔가를 시작하는 사람들이 아닙니다. 변화를 만들어 낼 수 있는 건 개인들입니다."

진짜 변화가 일어나는 곳은 국제회의가 아니라 개인들이 살아가는 현장이라는 것, 그것이 세번이 얻은 결론이었다.

세번은 세계 곳곳으로 다니면서 만난 사람들과 체험을 통해 오히려 세계 정상들에게 걸었다가 잃어버린 것보다 훨씬 더 큰 희망을 발견했다.

일본에서 세번은 슬로스 클럽Sloth Club 회원들과 함께 활동하는 경험을 했다. 슬로스 클럽은 세계에서 가장 바삐 움직이는 도시 중 하나인 도쿄를 중심으로 활동하는 그룹이다. 그들이 삼은 목표는 속도를 늦추는 일이다. 그래서 느림을 상징하는 동물인 나무늘보가 슬로스 클럽 마스코트이다. 슬로스 클럽 회원들은 삶에서 가장 최선은 느리게 사는 것이라고 말하며, 패스트푸드에 반대하는 슬로푸드 운동을 벌였다.

그즈음에 배낭을 메고 나섰던 인도 여행길은 세번에게 큰 영감을 주었다. 살아가는 방식에서도, 생각하는 방식에서도 정말 많은 것을 생각하게 해 주었고, 서양 문화가 절대 지구를 장악할 수 없음을 깨닫게 해 주었다. 인도 여행은 세번에게 자신이 아는 게 아무것도 없음을 끊임없이 일깨워 주었으며, 가는 곳마다 정말로 자신들이 중요하게 여기는 것들을 지키거나 변화하고자 앞장서는 수많은 개인을 만나게 해 주었다.

자신이 사는 도시에서 갠지스 강을 맑게 하기 위한 투쟁을 이끄는 노교수를 비롯하여 여러 사람을 만났고, 지하수를 오염시킬 쓰레기 매립지가 생기는 것을 막기 위해 애쓰고 있는 청소년들도 만났다. 이처럼 해결책을 스스로 찾아가는 사람들이 도처에 있었다. 자신들이 갖고 있는 꿈과 이상을 좇아 두려움 없이 나서는 사람들을 만나면서 세번은 용기를 얻었고, 그들 앞에서 겸허해지는 자신을 발견했다.

특히, 캐나다와 달리 공간과 자원이 턱없이 부족한 가운데서도 충만하고 활기 넘치는 삶이 존재하는 인도가 세번에게 깊은 인상을 남겼다.

세계 곳곳으로 다니는 여행은 세번에게 자신이 소유한 물건들로부터 해방되는 체험을 선사했다. 등에 가방 하나만 멘 채 꼭 필요한 몇 가지만으로 지내면서 느끼는 자유로움과 만족감을 맛보게 해 주었다. 실제로 살아가는 데 그렇게 많은 것이 필요하지 않다는 걸 깨닫게 된 세번은 옷장 속 물건들 절반은 내다 버리고 싶어 했다. 또 너무 많이 갖게 되면, 그 무게로 인해 우울해진다는 것도 알게 되었다.

또한, 여행은 세번에게 균형감 있는 시각을 갖게 해 주었고, 살아가는 방식은 다양하다는 사실을 알게 해 주었다. 사람들이 살아가는 세상에는, 혼자서는 절대 상상해 볼 수 없는 삶을 향한 도전들에 대한 아주 많은 해결책이 있다는 사실도 그리고 무엇이든 가능하다는 사실도 보여 주었다. 매번 여행에서 돌아올 때면, 세번은 이토록 많은 것을 가진 캐나다에서 이루어질 작은 일상들에 대한 감사함으로 늘 마음이 충만해졌다.

밴쿠버 고향 마을로 돌아온 세번

거실을 꽉 채워 앉은 스무 명 남짓한 젊은이들 속에 책상다리를 하고 앉은 세번이 있다.

밴쿠버에 있는 방 두 개짜리 작은 아파트에, 이제 스물세 살인 세번과 친구들이 자신들이 직접 만든 초밥과 태국 카레 수프, 사천 샐러드를 가운데에 놓고 둘러앉아 있었다. 오늘 토론 주제는 젊은이들의 무관심과 행동주의 그리고 더 나은 세상을 만들기 위해 자신들이 할 역할에 관해서였다.

세번이 먼저 말을 꺼냈다.

"지난 몇 주 동안 정말 여러 차례 신선한 충격을 받았어. 세계에서 벌어지는 현실에 적극적으로 관심을 보이며 참여하고자 하는 사람들을 만났거든. 지역 빈곤 문제에서부터 이라크 전쟁에 이르기까지, 정말 많은 사람이 그에 관해 우려하고 있었어. 힘이 나더라. 그런데 그런 에너지들이 다 어디로 가는 걸까? 우리가 뭔가 할 수 있지 않을까?"

곧이어 젊은이들은 새로 탄생한 이 모임, 스카이피시가 어떤 모습으로 활동하기 원하는지 각자 의견을 개진하기 시작했다. 친구들로 가득 찬 방 안에서 스카이피시 밴쿠버 모임에 함께하고 있는 세번에게서는 세계적인 환경 운동가의 떠들썩한 명성은 찾아볼 수 없었다. 다만 20대 초반 젊은이가 가진 열정이 빛나고 있었다.

토론이 두 시간쯤 이어지자, 아이디어를 실행하기 위한 구체적인 계획들이 나오기 시작했다. 한 친구가 스타벅스가 매일 버리는 음식을 필요로 하는 사람들에게 나누어 줄 방법을 만들어 보자고 제안했고, 또 다른 친구가 프로젝트를 실행에 옮기는 데 필요한 돈을 마련하기 위해 예술품 기금 행사를 열자고 했다.

스카이피시 프로젝트는 세번이 진화생물학과 생태학을 공부한 예일 대학에서 마지막 학년을 보내던 2002년에 시작했다. 브리티시콜럼비아 주 북부 시골집 근처 호수 이름을 딴 스카이피시는 기후변화, 유전자조작식품GMO, 환경 정책을 포함한 주제들을 토론하기 위한 온라인 포럼으로 출발했다. 젊은이들이 지속 가능한 생활 방식을 실천해 가겠다고 서약하는 책임 소재 인식ROR을 처음으로 시작한 곳이 그 웹 사이트에서였다. 세번은 그해 2002년, '리우 + 10'으로 불리는, 요하네스버그에서 열린 '지속 가능 개발을 위한 세계 정상 회의WSSD'에 그 서약을 가져갔다.

수많은 젊은이가 온라인 서명에 참여한 책임 소재 인식 서약은 이렇게 시작한다.

'이것은 우리 세대를 위한 의지의 선언이다. 우리 나라는 세계 인구 가운데 작은 부분을 차지하고 있지만, 인구에 비해 훨씬 많은 에너지를 사용하고 있고, 이산화탄소 배출량도 아주 크다. 우리가 남기는 생태발자국은 거대하다. 현재 우리 생활 방식은 이 행성과 이곳에 사는 사람들의 건강을 대가로 유지된다. 세계에서 가장 산업화되어 있고, 가장 부자 나라에 속한 곳에 사는 시민으로서, 나는 이 특권이 책임을 요구함을 안다. 나는 지구가 유한하며, 이 유한한 세계에서 끊임없는 성장이란 불가능하다는 사실을 안다. 나는 경제 성장이라는 수단이 인류의 복지나 행복과 직접적으로 상호 관계를 맺고 있지 않음을 안다. 나는 내 일상의 행동과 습관이 이 지구와 사람들의 건강과 행복에 영향을 미친다는 것을 안다. 오늘 나는 보다 지속 가능한 생활양식으로 살겠다고 다짐한다. 나는 환경에 대한 책임을 질 것이며, 나의 일상생활에서 지속 가능한 발전을 이루어 갈 것이다.'

서약에는 가정에서 나오는 쓰레기를 줄이고, 덜 소비하고, 자동차에 너무 의존하지 말고, 지역에서 기른 먹거리를 먹고, 재사용할 수 있는 컵을 이용하고, 그리고 무엇보다도 자연으로 자주 나가자는 구체적인 실천 항목들을 담고 있었다.

이제 세번은 고향 밴쿠버에서 지역 모임을 이끌며 친구들과 구체적인 실천 활동을 모색하고 있었다.

다시 새로운 길에 서서

"사람들은 자꾸만 지금 내가 하는 모든 일을 열두 살 때 내 모습과 비교하려 든다. 내가 리우에서 했던 연설이 잊히지 않고 있다는 의미에서는 멋진 일이지만, 나는 앞으로 나아가야만 한다."

밴쿠버 키칠라노 해변, 부모님 집이 바라보이는 곳에서 세번은 자기를 되돌아보고 있었다. 어떤 면에서 세번은 리우에서 유명한 소녀가 되기 이전 꼬마 세번이 지녔던 그런 모습으로 되돌아오고 있는지도 모른다.

이제 세번은 리우의 소녀로 각인된 모습에서 벗어나고 싶어 했다. 마찬가지로 저명한 환경 운동가 데이비드 스즈키의 딸이라는 그늘에서도 벗어나 자신만의 길을 다시 만들어 나가고 싶어 했다.

보풀이 인 챙 없는 작은 모자를 눌러쓰고 커다란 전복 껍데기 목걸이를 하고 청바지를 입은 세번은 스스로 자신의 삶이 이제 새로운 출발점에 서 있다고 말하는 만큼이나 자유로워 보였다.

미국에서 공부를 마치고 밴쿠버로 돌아온 세번은 어린 시절부터 살아온 부모님 집을 떠나 이사를 했다.

"아버지가 살아온 삶은 정말이지 너무 바빠요. 그리고 누군가 세인에게서 주목을 받게 되면, 사람들은 그를 깎아내리고 싶어 하지요. 어떨 때 아버지는 가던 길을 벗어나 방향을 돌려 다른 곳으로 달아나기도 했어요. 언젠가는 주방 창문을 뚫고 총알이 날아 들어오기도 했지요."

세번은 그런 삶을 원하지 않았다. 세번이 진정으로 찾고 있는 것은 보다 조화로운 삶이었다. 세상을 경험하고 다른 관심사들을 탐구해 볼 수 있는 보다 자유로운 시간을 갖기를 원했다. 여전히 활동가로서 삶을 계속해 나가면서도, 그것이 다른 형태를 띠게 되기를 바랐다. 그녀는 좀 더 나은 세계를 만들어 나가는 일에서 말보다는 행동에 옮기는 시간에 더 많은 시간을 쓸 예정이므로 때로는 강연에 나서는 일을 하더라도, 스카이피시처럼 지역에서 추동력을 갖고 진행되는 풀뿌리 활동에 열중할 생각이었다.

"벌거벗은 몸을 색색으로 칠한 수많은 사람이 우리를 환영하러 나와 있는 모습을 비행기에서 내려다보던 기억은 평생 잊지 못할 거예요. 카야포 부족은 전기뱀장어 잡는 법과 활로 공작 농어를 잡는 법을 우리에게 보여 줬어요. 우리와 산책하면서 숲 속을 뚫고 들어가 신선한 파파야 나무들을 베어 넘기기도 했어요."

카야포 부족과 보냈던 추억은 세번이 가장 좋아하는 이야기 중 하나였다. 그러나 이 이야기는 아홉 살 세번이 아니라 스물한 살 세번이 떠난 여행에서였다. 세번에게 처음으로 용기를 내게 해 준 아마존 우림 속 마을 오크리로 12년이 지나 다시 갔던 여행에 관한 것이다.

스물한 살에 세번은 그 지역에서만 자라는 고유 나무들에 관한 데이터베이스를 만들어 내기 위한 연구 기금을 받아 그곳으로 돌아갔다. 그리고 날마다 현지 가이드와 함께 숲으로 들어갔다. 카야포 부족의 삶을 체험한 일은 세번에게 환경 운동가 아버지에게 깃든 또 하나의 삶, 숲에서 원주민 부족들의 삶을 연구하는 매혹적인 과학자의 삶에 대한 동경도 심어 주었다.

그리고 어린 시절에 체험한 몇 가지 추억들은 지금의 세번을 있게 해 주었다. 공식적으로 세번을 부족민으로 받아들여 준 하이다 부족들이 사는 퀸샬럿제도를 찾아가 야영했던 기억, 가족들과 함께 키칠라노 해변에 살고 있는 생명체들을 탐사하러 나섰던 기억, 방파제 밖으로 나가 빙어들을 잡던 기억, 뒤뜰에 할아버지와 함께 싱싱한 채소를 기르던 기억이 세번이 환경 운동가로서 살아갈 수 있게 삶을 지탱해 주고 앞으로 나아가게 해 주는 힘이었다.

어려서부터 밖으로 나가는 것을 아주 좋아했던 세번이기에 자연 세계에 대한 호기심과 열정은 자라서도 여전했다. 그래서 카야킹, 래프팅, 하이킹에 낚시와 스노보드 타기까지 세번은 못하는 게 없었다. 한 해 여름을 강 래프팅 가이드가 되기 위한 훈련으로 보내고 나서, 세번은 밴쿠버 빅토리아 대학에서 민속식물학 공부를 시작했다.

연구 주제는 거머리말이었다. '바다의 목초지'라 할 거머리말은 세계 모든 대양에서 자라고, 해양 생물종 중 80퍼센트가 거머리말이 제공하는 영양분에 의지하여 그곳을 안전한 온상으로 삼아 살아간다. 세계 전역에서 거머리말이 줄어들고 있는 지금, 바다를 터전으로 하는 어린 생명들에게 필요한 거머리말을 보존할 방안을 연구하는 여러 과학자 가운데 한 사람으로서, 세번은 퀸샬럿제도에 사는 하이다 부족들과 함께 그들이 거머리말을 전통적으로 활용하고 관리했던 법을 다시 찾아내기 위한 노력을 기울이고 있다.

"환경문제에 관한 적극적인 활동은 무슨 일이 있어도 지속되어야 합니다. 나는 환경을 보호한다고 부르고 싶지 않아요. 그건 환경이 우리 외부에 따로 떨어져 있다는 말이잖아요. 이 모든 게 따로 분리되어 있지 않아요. 인류의 건강, 삶의 질, 인간 삶의 본질에 관한 문제이니까요. 자연과 관계 맺는 일은 지금 이 순간에도 내 삶을 정말로 풍부하게 해 주고 있어요."

세번은 현재 하이다 부족민인 남편을 만나 퀸샬럿제도에서 함께 살고 있으며, 사회문제와 생태 문제가 최대 관심사이다. 그리고 젊은이들이 자신들의 미래를 위해 당당하게 말하도록 힘을 북돋아 주는 일에도 열정을 아끼지 않고 있다. 살아오는 동안 자신이 자연스럽게 영향을 받아 온 것들, 자연 세계와 전통 신앙과 과학이 하나로 조화를 이루는 것에 관심을 집중하면서 세번은 캐나다 북서 해안에서 자신의 길을 찾아 나가고 있다.

세상의 모든 어른에게

안녕하세요. 저는 세번 컬리스 스즈키입니다. 저는 에코를 대표하여 이 자리에 섰습니다.

에코에서 활동하는 저희들은 세상에 작은 변화를 가져오기 위해 모임을 만들어 활동하고 있습니다. 캐나다에 사는 열두 살, 열세 살 아이들로 바네사 수티, 모건 가이슬러, 미셸 퀴크와 제가 회원입니다. 세상 모든 어른에게 현재 살아가는 방식을 바꾸지 않으면 안 될 거라는 말씀을 드리기 위해 6천 마일을 여행하는 데 필요한 경비를 저희 스스로 모금했습니다.

따로 숨겨 놓은 다른 의제는 없어요. 단지 저는 제 미래를 위해 싸우고 있습니다. 제 장래를 잃어버린다는 것은 선거에서 진다든지 증권시장에서 얼마쯤 잃는다든지 하는 것과는 다른 차원이니까요.

저는 앞으로 올 모든 세대를 위해 여기에 섰습니다. 저는 세계 곳곳에서 굶주리는 아이들을 대신하여 여기에 섰습니다. 저는 이 행성 위에서 죽어 가는 수많은 동물을 위해 여기에 섰습니다. 우리는 이제 말하지 않고는 그냥 있을 수 없게 되었거든요.

저는 오존층에 난 구멍 때문에 햇빛 속으로 나가기가 두렵습니다. 공기 중에 어떤 화학물질이 들어 있을지 모르기 때문에 숨 쉬기가 두렵습니다. 저는 아빠와 함께 밴쿠버에서 낚시를 즐겼습니다. 그런데 바로 몇 해 전 암에 걸린 물고기들을 발견했습니다.

그리고 지금 우리는 날마다 동식물이 사라지고 있다는, 그들이 영원히 소멸되고 있다는 소식을 듣고 있습니다.

저는 언제나 야생동물들의 무리를 보고 싶었고, 새들과 나비들로 가득 찬 정글과 열대림을 보기를 꿈꿨습니다. 그렇지만 제가 엄마가 되었을 때 우리 아이들이 볼 수 있도록, 그런 것들이 과연 존재하고 있기나 할지 모르겠습니다. 여러분은 이런 소소한 것들에 대해 제 나이 때 걱정해 보셨습니까? 이 모든 것이 실제로 우리 눈앞에서 일어나고 있는데도 우리는 마치 충분한 시간과 해결책을 가지고 있는 것처럼 행동하고 있습니다.

저는 어린아이일 뿐이고, 따라서 해결책을 가지고 있지 않습니다. 여러분은 과연 해결책을 가지고 계신지, 저는 묻고 싶습니다. 여러분은 어떻게 하면 오존층에 난 구멍을 메울 수 있는지 알지 못합니다. 죽은 강으로 연어를 되돌아오게 할 방법도, 사라져 버린 동물을 되살려 놓는 방법도 알지 못합니다. 그리고 여러분은 이미 사막이 되어 버린 곳을 푸른 숲으로 되살려 놓을 능력도 없습니다.

여러분이 고칠 방법을 모른다면, 제발 그만 망가뜨리길 바랍니다! 여러분은 정부의 대표로, 기업가로, 기자나 정치가로 여기에 와 계실 겁니다. 그렇지만 여러분은 그 이전에 어머니와 아버지, 형제와 자매, 이모와 삼촌들입니다. 그리고 여러분 모두 누군가의 자녀들입니다.

저는 어린아이일 뿐입니다. 하지만 저는 우리가 모두 5억 명으로 된 가족, 아니 3천만 종으로 된 한 가족의 일부라는 사실을 알고 있습니다. 우리는 모두 공기, 물, 흙을 함께 나누어 가지며, 정부와 국경이라도 감히 그것을 바꿔 놓지는 못할 겁니다.

저는 어린아이일 뿐입니다. 하지만 저는 우리가 모두 하나이며, 하나의 목표를 향해 하나의 세계로서 행동해야 한다는 것만은 알고 있습니다. 저는 분노하고 있지만, 분별력을 잃어버린 건 아닙니다. 저는 두려워하고 있지만, 제가 어떻게 느끼는지 세상에 말하는 걸 주저하지는 않습니다.

우리 캐나다 사람들은 너무 많은 쓰레기를 만들어 냅니다.

우리는 사고 버리고, 또 사고 버립니다. 그러면서도 가난한 사람들과 나누려 하지 않습니다. 우리는 필요한 것보다 더 많이 가지고 있으면서 조금도 잃고 싶어 하지 않고, 나누어 갖기를 두려워합니다.

저는 이틀 전 여기 브라질에서 큰 충격을 받았습니다. 우리는 길거리에서 살고 있는 몇몇 아이와 잠깐 시간을 보냈습니다. 그중 한 아이가 우리에게 이렇게 말하더군요.

"내가 부자가 되었으면 좋겠어. 만약 내가 부자라면 나는 거리에 살고 있는 모든 아이에게 음식과 옷과 약과 집, 그리고 사랑을 줄 거야."

아무것도 가진 게 없는 아이가 기꺼이 나누겠다고 하는데, 모든 것을 다 가지고 있는 우리는 어째서 그토록 인색할까요? 저는 이 아이들이 제 또래라는 사실을 자꾸 생각하게 됩니다. 어디서 태어났는가 하는 사실이 굉장한 차이를 만든다는 것, 저도 리우의 빈민가 파벨라에 살고 있는 저 아이들 중 하나일 수 있었다는 생각을 하지 않을 수 없습니다. 저는 소말리아에서 굶주려 죽어 가는 한 어린이일 수도 있었고, 중동의 전쟁 희생자, 또는 인도에서 구걸하는 아이일 수도 있었습니다.

저는 어린아이일 뿐입니다. 하지만 만약 전쟁에 쓰이는 그 엄청난 돈이 빈곤을 해결하고 환경문제에 대한 해답을 찾는 데 쓰인다면, 이 지구가 얼마나 멋진 곳으로 바뀔지 알고 있습니다.

학교에서도, 유치원에서도, 어른들은 우리에게 착한 사람이 되라고 가르칩니다. 어른들은 우리에게 가르칩니다. 서로 싸우지 말고, 절약하고, 서로 존중하고, 청결히 하고, 다른 생물들을 해치지 말고, 더불어 나누어야 한다고. 그런데 어째서 여러분은 우리에게 하지 말라고 한, 그런 행동들을 하십니까?

여러분이 이 회의에 참석하고 계신 이유가 무엇이며, 누구를 위해서 이런 회의를 열고 있는지 잊지 마십시오. 우리는 여러분의 아이들입니다. 여러분은 우리가 앞으로 어떤 세계에서 자랄지 결정하고 계신 겁니다. "모든 일이 잘될 거야. 우리는 최선을 다하는 중이고, 이 세상에 종말은 오지 않을 거야."라고 부모님들이 자녀들을 안심시킬 수 있어야만 합니다. 그렇지만 여러분은 그런 말을 우리에게 더 이상 할 수 없을 것 같아 보입니다. 도대체 우리 어린아이들이 여러분이 하고 있는 회의에서 우선순위에 올라 있기나 합니까?

저희 아빠는 항상 말씀하십니다. "너의 말이 아니라, 행동이 진짜 너를 만든단다." 하지만 여러분이 보여 주고 있는 행동들은 밤마다 저를 울게 합니다. 여러분은 항상 우리를 사랑한다고 말합니다. 저는 이 자리에서 여러분에게 호소합니다. 제발 우리 바람이 여러분이 하려는 행동에 반영되도록 노력해 주십시오.

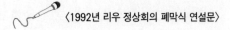 〈1992년 리우 정상회의 폐막식 연설문〉

조금 더 알고 싶어요

리우회의

지구정상회의 목표는 지속 가능한 개발을 위한 전 지구적 동반자 관계를 형성하는 것이었습니다.

지구환경문제를 논의한 최초 유엔 환경 회의는 1972년 스톡홀름에서 개최된 '인간환경회의'였는데, 이 회의 결과로 지구환경문제를 전담하는 유엔 전문 기구인 '유엔환경계획UNEP'이 설치되었답니다.

'유엔환경계획'은 현재까지 지구환경 논의를 주도하는 유엔 기구로서 오존층 보호를 위한 몬트리올의정서, 기후변화협약, 생물다양성협약 등 국제 환경 협약 제정을 주관해 오고 있습니다.

1983년에는 환경과 개발이 조화를 이룰 수 있는 방법을 모색하기 위해 '세계환경개발위원회WCED'가 설치되었습니다. 위원회는 1987년 '우리의 미래 Our Common Future'라는 보고서를 제출하면서, '지속 가능한 개발Sustainable Development'이라는 개념을 처음 제시했습니다.

지속 가능한 개발이란 '미래 세대의 후손들이 그들 스스로의 욕구를 충족할 수 있는 능력과 여건을 저해하지 않으면서, 현재 우리 스스로의 욕구를 충족할 수 있도록 하는 성장'으로 정의되지요. 최근에는 지속 가능한 개발을 더 발전시킨 '환경적으로 건전하고 지속 가능한 개발ESSD'이라는 개념이 보편화되었습니다.

이런 지속 가능한 개발을 위한 실천 계획을 세우자는 유엔총회 결의로, 1992년 6월 '유엔환경개발회의'를 열기로 하고, 이후 3년에 걸친 준비를 통해 1992년 지구정상회의가 개최되었습니다.

지구의 허파, 열대우림이 사라지고 있다

지구에 사는 대다수 사람들이 열대우림의 최후 생존지라 할 브라질, 인도네시아, 콩고 분지로부터 아주 멀리 떨어져 살고 있습니다. 따라서 우리가 숨을 내쉬고 들이쉴 때마다 그토록 멀리 있는 생태계와 우리가 연결되어 있다는 것도, 열대우림이 살아남게 돌봐야 한다는 것도 잊어버리기 쉽습니다.

우림은 수백만 원주민 공동체들에게는 물론이고, 지구상에 존재하는 모든 종 가운데 절반 이상에게 서식처가 되어 주고 있습니다. 더구나 우림은 탄소를 엄청나게 비축함으로써 지구온난화에 맞서 싸우는 인류에게 방패가 되어 주고 있지요. 세계 산소량 중 40퍼센트 이상이 우림에서 생산되며, '우림은 지구의 허파'라는 말은 판에 박은 것처럼 들릴지 몰라도, 엄연한 사실이랍니다.

하지만 오늘날, 세계 열대우림 중 3분의 2 이상이 조각난 파편들이 되어 남아 있습니다. 바로 산업화된 기업농업, 자원 채취, 형편없는 관리, 불법 벌목 그리고 숲에서 살아가는 사람들이 가진 권리를 존중하지 않는 태도와 우림이 지속적으로 존재할 수 없도록 위협하는 지구온난화 때문입니다.

특히, 최근에는 립스틱, 보디로션, 바이오 연료 등에 사용하는 야자유를 대규모로 재배하게 되면서 전 세계 우림이 더욱 심각하게 파괴되고 있습니다. 야자유는 전체 중 약 85퍼센트가 인도네시아, 말레이시아, 파푸아뉴기니 같은 열대 국가에서 자라기 때문이지요.

인도네시아 열대우림은 수마트라 호랑이, 수마트라 코끼리와 오랑우탄 같은 멸종 위기종들에게 결정적으로 중요한 서식처가 되어 주고 있고, 수천만 인도네시아인 역시 직접적으로 생계를 우림에 의지하고 살아갑니다. 야자유 플랜테이션이 만들어지면 숲과 분수계와 숲에 있는 모든 자원을 파괴시킴으로써 숲에서 살아가는 모든 공동체가 맨 먼저 곤경에 처하게 될 것입니다.

우림은 지구에서 가장 큰 탄소 저장고로, 기후변화를 야기하는 온실가스를 안전하게 저장해 줍니다. 그런데 인도네시아에서 기업적인 야자유 플랜테이션을 만들어 내느라 우림이 급속히 파괴되면서 대기 중으로 이산화탄소를 엄청나게 방출하고 있습니다. 실제로 이렇게 무분별한 벌채가 인도네시아가 방출하는 이산화탄소 중 80퍼센트를 차지하면서 열대 국가인 이 나라가 세계에서 세 번째 가는 온실가스 방출국이 되어 있는 형편입니다. 동남아시아에 야자유 플랜테이션을 운영하거나 소유한 농업 기업들은 세계 최대 곡물 업체인 카길과 같은 거대한 다국적기업들입니다.